I0002229

**Ciberseguridad 33: Fundamentos y Amenazas Avanzadas.
Criptografía Cuántica.**

Índice.

Introducción.

En el tejido mismo de nuestra era digital, la ciberseguridad emerge como la columna vertebral que sostiene la integridad, confidencialidad y disponibilidad de la información. En un paisaje interconectado y en constante evolución, la protección de activos digitales es esencial para salvaguardar tanto la confianza de individuos como la estabilidad de organizaciones y naciones.

Este compendio, meticulosamente confeccionado, se erige como un faro en la vasta y a menudo tumultuosa corriente de la ciberseguridad. A lo largo de sus páginas, se desentrañarán no solo las amenazas que acechan en las sombras del ciberespacio, sino también las estrategias y tecnologías que constituyen la primera línea de defensa contra ellas.

Desde los rudimentos de la criptografía hasta la sofisticada gestión de incidentes, esta obra se adentra en cada recoveco de un campo que, lejos de estancarse, se expande y adapta con cada avance tecnológico. Mientras exploramos conceptos fundamentales, también nos aventuramos en los territorios inexplorados de la inteligencia de amenazas y la forense digital, reforzando la preparación para los desafíos que el mañana nos depara.

Asimismo, no se ignora el elemento humano en esta ecuación. Concientizar y empoderar a los actores de este ecosistema digital es un pilar inquebrantable en la defensa cibernética. Los usuarios bien informados y entrenados son la piedra angular de una estrategia de seguridad robusta.

En última instancia, este libro no es un tratado estático, sino una guía en constante evolución, diseñada para equipar al lector con las herramientas y el conocimiento necesario para enfrentar el vertiginoso ritmo de cambios en la ciberseguridad. Al abordar tanto los principios básicos como las fronteras de vanguardia, invito al lector a emprender este viaje hacia un futuro digital más seguro y resiliente.

Que estas páginas sirvan como brújula en el inmenso océano de la ciberseguridad, y que cada conocimiento adquirido sea un firme cimiento para la protección de nuestros activos más preciados en este mundo interconectado.

Prólogo.

En un mundo donde la información fluye como el viento y la conectividad es la columna vertebral de nuestra sociedad, la ciberseguridad emerge como un faro en la noche digital. Cada clic, cada transacción, cada comunicación, todo queda registrado y vulnerable en el vasto y complejo ecosistema cibernético.

Este libro es una brújula para navegar por este océano digital, un compendio elaborado con esmero y dedicación, destinado a guiar tanto al neófito como al veterano en el arte de proteger lo más preciado en la era moderna: la información.

A través de sus páginas, el lector será conducido desde los cimientos de la ciberseguridad hasta los confines de la vanguardia tecnológica. Desde los rudimentos de la criptografía hasta las complejidades de la gestión de incidentes, se despliega un vasto tapiz de conocimiento, tejido con la experiencia de aquellos que han navegado las aguas tempestuosas del ciberespacio.

Pero este libro no es solo un compendio de conocimiento teórico. Es una llamada a la acción. Una invitación a comprender, a explorar, a prepararse y a proteger. Porque la ciberseguridad no es una preocupación exclusiva de expertos, es una responsabilidad compartida por todos los ciudadanos del ciberespacio.

A medida que las amenazas evolucionan y se multiplican, es esencial estar un paso adelante. La información es poder, y en el mundo digital, el conocimiento es la armadura que nos protege contra las adversidades que acechan en las sombras.

Así, los invito a adentrarse en las páginas que siguen, a absorber el conocimiento aquí presente y a convertirse en guardianes del ciberespacio. Que este libro sea una herramienta valiosa en su arsenal, y que cada lección aprendida se convierta en un pilar de seguridad en su viaje por el mundo digital.

Que esta obra sea el inicio de una travesía que los lleve a explorar, entender y proteger el vasto mundo digital que nos rodea. Porque en el ciberespacio, la seguridad es un bien preciado y la protección es una responsabilidad de todos.

Capítulo 1: Introducción a la Ciberseguridad

En el tejido mismo de nuestra era digital, la ciberseguridad emerge como la columna vertebral que sostiene la integridad, confidencialidad y disponibilidad de la información. En un paisaje interconectado y en constante evolución, la protección de activos digitales es esencial para salvaguardar tanto la confianza de individuos como la estabilidad de organizaciones y naciones.

La Evolución del Ciberespacio

Desde sus albores, el ciberespacio ha pasado de ser un terreno relativamente inexplorado a un vasto ecosistema donde convergen comunicaciones, transacciones, conocimiento y cultura. Esta expansión exponencial ha brindado innumerables oportunidades, pero también ha dado lugar a un incremento significativo en las amenazas cibernéticas.

Definición de Ciberseguridad

La ciberseguridad engloba un conjunto de prácticas, políticas y tecnologías diseñadas para proteger sistemas, redes y datos de ataques, daños o accesos no autorizados. Su alcance abarca desde la prevención de intrusiones hasta la detección y respuesta ante incidentes.

Pilares Fundamentales de la Ciberseguridad

La ciberseguridad se sustenta en tres pilares esenciales:

Confidencialidad: Garantizar que la información solo sea accesible para aquellos autorizados y que esté protegida contra la divulgación no autorizada.

Integridad: Asegurar que la información no sea alterada de manera no autorizada, ya sea accidental o intencionalmente.

Disponibilidad: Garantizar que la información y los recursos estén disponibles y accesibles cuando se necesiten, y que no sean objeto de interrupciones o bloqueos malintencionados.

Relevancia en la Sociedad Actual

La dependencia de la tecnología y la interconexión global han convertido a la ciberseguridad en un tema de relevancia crítica. Desde la protección de la información personal en transacciones en línea hasta la defensa de infraestructuras críticas como la energía y el sistema financiero, la seguridad cibernética es un componente vital en el funcionamiento de la sociedad moderna.

El Rol del Individuo en la Ciberseguridad

Cada usuario de la red, desde el ciudadano común hasta el profesional de la tecnología, tiene un papel que desempeñar en la ciberseguridad. La educación y la concienciación son herramientas poderosas para prevenir ataques y proteger la información personal y profesional.

Este primer capítulo sienta las bases para el viaje que emprenderemos en estas páginas. Al comprender la importancia y los principios fundamentales de la ciberseguridad, estamos mejor preparados para enfrentar los desafíos que el ciberespacio nos presenta. En los capítulos siguientes, nos adentraremos en las amenazas y los métodos para mitigarlas, así como en las tecnologías y prácticas que forman el núcleo de una estrategia de seguridad cibernética efectiva.

Capítulo 2: Amenazas y Ataques Cibernéticos

En este capítulo, exploraremos el oscuro panorama de las amenazas y ataques que acechan en el vasto universo digital. Comprender las tácticas y técnicas empleadas por los ciberdelincuentes es esencial para fortalecer nuestras defensas y anticipar posibles vulnerabilidades.

Tipos de Amenazas Cibernéticas

Malware
El término "malware" engloba una variedad de software malicioso diseñado para infiltrarse o dañar sistemas y redes. Esto incluye virus, gusanos, troyanos, ransomware y spyware, entre otros. Cada uno tiene un propósito específico, desde la recolección de información confidencial hasta la interrupción de operaciones.

Phishing y Ingeniería Social

El phishing involucra el uso de mensajes engañosos para obtener información confidencial, como contraseñas o detalles de tarjetas de crédito. La ingeniería social implica manipular a individuos para que divulguen información o realicen acciones que beneficien al atacante.

Ataques de Denegación de Servicio (DDoS)

Estos ataques buscan sobrecargar un sistema o red con un volumen abrumador de tráfico, lo que resulta en la interrupción del servicio para usuarios legítimos.

Un Ataque de Denegación de Servicio (DDoS por sus siglas en inglés, Distributed Denial of Service) es una técnica maliciosa que tiene como objetivo inundar un sistema, red o servicio en línea con un tráfico abrumador de datos, lo que resulta en la incapacidad de proporcionar servicios a usuarios legítimos. Vamos a explicar detalladamente cómo funciona un DDoS:

**1. Selección del Objetivo:

Sistema o Servicio: El atacante identifica el sistema, red o servicio que quiere interrumpir. Esto puede ser cualquier cosa, desde un sitio web hasta una infraestructura completa.

**2. Reclutamiento de Botnets o Redes Zombi:

Compromiso de Dispositivos: El atacante generalmente no dispone de suficientes recursos para llevar a cabo un ataque DDoS por sí solo. Por lo tanto, recurre a botnets, que son redes de dispositivos comprometidos previamente a través de malware o técnicas de ingeniería social.

Control Centralizado: Una vez que los dispositivos están comprometidos, el atacante utiliza un controlador central para coordinar el ataque.

**3. Fases del Ataque:

Fase de Preparación:

Reconocimiento: El atacante identifica los puntos débiles de la infraestructura del objetivo.

Selección de Métodos: Elige entre diferentes tipos de ataques DDoS para ejecutar.

Inundación de Tráfico:

Ataque de Sobrecarga de Ancho de Banda (Volumétrico):

UDP Flood: El atacante envía grandes cantidades de paquetes UDP sin establecer una conexión, lo que puede abrumar la capacidad de ancho de banda del objetivo.

ICMP Flood: Se envían paquetes de control ICMP (como pings) en grandes cantidades, lo que puede agotar los recursos de red del objetivo.

SYN/ACK Flood: Se envían un gran número de solicitudes de inicio de conexión (SYN) sin completar el proceso de conexión, lo que agota los recursos del servidor.

Ataque de Consumo de Recursos (Consumo de CPU/Memoria):

Ataque de Amplificación de DNS: El atacante utiliza servidores DNS abiertos para amplificar el tráfico hacia el objetivo, haciendo que responda con un gran volumen de datos.

Ataque de Amplificación de NTP: Similar al ataque de amplificación de DNS, pero utiliza servidores NTP.

Ataque de Agotamiento de Estado (State-Exhaustion):

Ataque SYN/ACK/ICMP con Sesiones Semi-Abiertas: El atacante abre múltiples sesiones parcialmente abiertas para agotar los recursos del servidor.

La Inyección de Código es una técnica utilizada por ciberdelincuentes para introducir y ejecutar código malicioso en una aplicación o sistema. Esto puede llevar a la explotación de vulnerabilidades y el robo de datos. A continuación, se explica detalladamente cómo funciona:

Identificación de la Vulnerabilidad:

La inyección de código aprovecha vulnerabilidades en una aplicación o sistema. Esto puede ser un software, una página web o incluso un sistema operativo.
Selección del Tipo de Inyección de Código:

Inyección de SQL (SQL Injection): En este tipo de ataque, el ciberdelincuente introduce comandos SQL maliciosos en los campos de entrada de una aplicación. Si la aplicación no valida o filtra adecuadamente estos inputs, el atacante puede manipular la base de datos y acceder o modificar información sensible.

Inyección de Script (Cross-Site Scripting - XSS): Aquí, el atacante introduce scripts maliciosos (por lo general, JavaScript) en campos de entrada de una página web. Si el sitio no valida o filtra correctamente estos scripts, se ejecutarán en el navegador del usuario, lo que puede permitir al atacante robar cookies de sesión o incluso redirigir a páginas fraudulentas.

Inyección de Comandos (Command Injection): Este tipo de inyección se aprovecha de aplicaciones que permiten la ejecución de comandos del sistema a través de entradas del usuario. El atacante introduce comandos maliciosos que se ejecutarán en el sistema, lo que puede darles acceso a funciones del sistema o permitir la instalación de malware.

Creación del Código Malicioso:

El atacante prepara el código que quiere inyectar. Este código puede ser una consulta SQL, un script JavaScript o incluso un comando del sistema, dependiendo del tipo de inyección de código que estén utilizando.
Introducción del Código Malicioso:

El atacante encuentra un punto de entrada en la aplicación donde puede introducir su código. Esto suele ser a través de formularios web, campos de búsqueda o cualquier lugar donde la aplicación acepte entrada de usuario.
Ejecución del Código:

Una vez que el código malicioso es introducido, la aplicación lo procesa y ejecuta como si fuera parte del código legítimo. Esto puede llevar a la manipulación de la aplicación o sistema de la manera que el atacante desee.
Resultados del Ataque:

Dependiendo del tipo de inyección y el código malicioso utilizado, los resultados pueden variar. Esto podría incluir la obtención de información confidencial, el robo de credenciales, la manipulación de la base de datos, entre otros.
Potenciales Consecuencias:

Las consecuencias de una inyección de código pueden ser graves. Pueden incluir la exposición de datos sensibles, la pérdida de la integridad de los datos, la pérdida de control sobre el sistema, o incluso la interrupción completa de servicios.
Prevención y Mitigación:

Para prevenir la inyección de código, es esencial validar y filtrar cuidadosamente las entradas de usuario, así como utilizar técnicas de codificación segura y parchear regularmente las vulnerabilidades conocidas.

**4. Impacto del Ataque:

Interrupción del Servicio: El flujo abrumador de tráfico provoca la incapacidad del sistema objetivo para responder a las solicitudes legítimas, lo que resulta en la caída del servicio.

Tiempo de Inactividad: Dependiendo de la duración y magnitud del ataque, el objetivo puede experimentar un tiempo significativo de inactividad.

**5. Mantenimiento de la Persistencia:

Repetición del Ataque: Los atacantes pueden repetir el ataque a intervalos regulares, lo que prolonga la interrupción del servicio.
**6. Defensa contra Ataques DDoS:

Filtrado de Tráfico: Utilizar firewalls y sistemas de filtrado para bloquear o mitigar tráfico malicioso.

Detección de Anomalías: Implementar sistemas de detección de anomalías que identifiquen y mitiguen el tráfico inusual.

Escalabilidad y Redundancia: Diseñar sistemas que puedan escalar y distribuir la carga de tráfico para mitigar el impacto de un ataque.

Servicios de Mitigación DDoS: Utilizar servicios de mitigación proporcionados por proveedores especializados en ciberseguridad.

Los servicios de mitigación de ataques de denegación de servicio distribuido (DDoS, por sus siglas en inglés) están diseñados para proteger sistemas y redes contra ataques que buscan inundarlos con tráfico malicioso, con el objetivo de dejarlos inaccesibles para los usuarios legítimos. Estos servicios utilizan una variedad de técnicas para identificar y filtrar el tráfico no deseado, permitiendo que los sistemas continúen operando normalmente.

A continuación, se detalla cómo funcionan los servicios de mitigación DDoS:

Detección de Tráfico Anómalo:

Monitorización Continua: Los servicios de mitigación DDoS monitorean el tráfico de red en tiempo real para identificar patrones anómalos que puedan indicar un ataque en curso.

Análisis de Comportamiento: Utilizan algoritmos y técnicas de análisis de comportamiento para distinguir entre tráfico legítimo y malicioso. Por ejemplo, pueden identificar un aumento repentino en la cantidad de solicitudes o una concentración inusual de tráfico de una región específica.
Filtrado de Tráfico Malicioso:

Detección de Patrones Maliciosos: Utilizan filtros y reglas predefinidas para identificar patrones de tráfico asociados con ataques DDoS conocidos, como solicitudes excesivas en un corto período de tiempo.
Análisis de Protocolos: Examinan el tráfico para identificar comportamientos que indican actividad maliciosa, como múltiples intentos de conexión desde una misma dirección IP.

Mitigación Activa:

Redirección de Tráfico: Una vez identificado el tráfico malicioso, los servicios de mitigación pueden redirigir este tráfico hacia infraestructuras de mitigación específicas, donde será filtrado y analizado antes de llegar al destino original.
Bloqueo de Direcciones IP: Pueden bloquear direcciones IP o rangos de direcciones que se identifiquen como fuentes de tráfico malicioso.
Limitación de Frecuencia: Pueden imponer límites en la cantidad de solicitudes que una dirección IP puede realizar en un cierto período de tiempo.

Escalabilidad y Capacidad de Ancho de Banda:

Los servicios de mitigación DDoS están diseñados para ser altamente escalables y tener una gran capacidad de ancho de banda para poder hacer frente a ataques de gran envergadura.
Actualizaciones en Tiempo Real y Aprendizaje Automático:

Utilizan actualizaciones en tiempo real y técnicas de aprendizaje automático para adaptarse a las nuevas amenazas y variaciones en los patrones de ataque.

Reportes y Análisis Post-Ataque:

Proporcionan informes detallados sobre el ataque, incluyendo la duración, el tipo de tráfico malicioso y las direcciones IP involucradas. Esto permite a los equipos de seguridad analizar los incidentes y tomar medidas preventivas para el futuro.

Escalada de Alertas:

En casos de ataques intensos o sofisticados, los servicios de mitigación DDoS pueden alertar a los equipos de seguridad o proveedores de servicios de seguridad gestionada para una respuesta coordinada.

Monitoreo Activo: Mantener una supervisión constante para detectar y responder a posibles ataques lo antes posible.

Un ataque DDoS es una amenaza seria y requiere una preparación y respuesta adecuadas. Las organizaciones deben tener medidas de seguridad robustas y planes de respuesta a incidentes bien definidos

Ataques de Fuerza Bruta
Se basan en la repetición de intentos de acceso con diferentes combinaciones de contraseñas hasta que se encuentre la correcta.

Ataques a la Infraestructura Crítica
Dirigidos a sectores como energía, servicios de emergencia y transporte, estos ataques buscan desestabilizar la infraestructura esencial para el funcionamiento de una sociedad.

Técnicas de Ataque Comunes
Exploits y Vulnerabilidades
Los ciberdelincuentes aprovechan las vulnerabilidades en software y sistemas para infiltrarse. Los exploits son códigos diseñados para aprovechar estas vulnerabilidades.

Las técnicas de ataque son métodos específicos que los ciberdelincuentes utilizan para comprometer sistemas o redes. A continuación, detallaré algunas de las técnicas de ataque más comunes:

Ataque de Fuerza Bruta:

Descripción: Consiste en probar todas las combinaciones posibles de contraseñas hasta encontrar la correcta.

Prevención: Se puede prevenir mediante el uso de contraseñas robustas y la implementación de bloqueos después de un cierto número de intentos fallidos.

Ataque de Diccionario:

Descripción: Se basa en probar una lista de contraseñas predefinidas o comunes, en lugar de probar todas las combinaciones posibles.
Prevención: Similar al ataque de fuerza bruta, se previene mediante el uso de contraseñas complejas y la implementación de bloqueos por intentos fallidos.

Phishing:

Descripción: Los atacantes envían mensajes de correo electrónico o mensajes de texto que parecen ser legítimos, pero contienen enlaces maliciosos o adjuntos que pueden llevar a la víctima a revelar información confidencial.
Prevención: La educación del usuario es clave para identificar correos electrónicos y mensajes sospechosos. Además, se pueden implementar filtros de correo electrónico para detectar y bloquear correos de phishing.

Ataque de Ingeniería Social:

Descripción: Los atacantes manipulan o engañan a las personas para obtener información confidencial o acceso a sistemas.
Prevención: La concientización y la formación del personal son cruciales para identificar y evitar este tipo de ataques.

Malware:

Descripción: Software malicioso diseñado para dañar, robar o espiar. Esto incluye virus, gusanos, troyanos, ransomware, etc.
Prevención: Se previene con el uso de software de seguridad actualizado, firewalls, y la educación del usuario sobre prácticas seguras de navegación y descarga de archivos.

Ataque de Intermediario (Man-in-the-Middle):

Descripción: Un atacante se interpone entre la comunicación de dos partes y puede interceptar o modificar los datos transmitidos.

Prevención: Se puede prevenir mediante el uso de cifrado de extremo a extremo y la autenticación de las partes involucradas.

Ataque de Denegación de Servicio (DoS) y Ataque Distribuido de Denegación de Servicio (DDoS)**:

Descripción: Un DoS busca sobrecargar un sistema o red con una gran cantidad de solicitudes, mientras que un DDoS utiliza múltiples dispositivos para el mismo propósito.
Prevención: Los servicios de mitigación DDoS, la configuración adecuada de firewalls y la gestión del ancho de banda pueden ayudar a prevenir estos ataques.

Ataque de Escucha (Sniffing):

Descripción: El atacante intercepta y monitorea el tráfico de red para obtener información confidencial como contraseñas o datos de tarjetas de crédito.
Prevención: La encriptación de la comunicación y el uso de redes seguras como VPN pueden prevenir este tipo de ataques.
Estas son solo algunas de las técnicas de ataque comunes, pero hay muchas otras. La prevención y la detección temprana son fundamentales para protegerse contra estas amenazas.

Inyección de Código
Esta técnica implica la inserción de código malicioso en aplicaciones o sitios web para obtener acceso no autorizado o robar información.

La Inyección de Código es una técnica utilizada por ciberdelincuentes para introducir y ejecutar código malicioso en una aplicación o sistema. Esto puede llevar a la explotación de vulnerabilidades y el robo de datos. A continuación, se explica detalladamente cómo funciona:

1. Identificación de la Vulnerabilidad:

La inyección de código aprovecha vulnerabilidades en una aplicación o sistema. Esto puede ser un software, una página web o incluso un sistema operativo.

2. Selección del Tipo de Inyección de Código:

Inyección de SQL (SQL Injection): En este tipo de ataque, el ciberdelincuente introduce comandos SQL maliciosos en los campos de entrada de una aplicación. Si la aplicación no valida o filtra adecuadamente estos inputs, el atacante puede manipular la base de datos y acceder o modificar información sensible.

Inyección de Script (Cross-Site Scripting - XSS): Aquí, el atacante introduce scripts maliciosos (por lo general, JavaScript) en campos de entrada de una página web. Si el sitio no valida o filtra correctamente estos scripts, se ejecutarán en el navegador del usuario, lo que puede permitir al atacante robar cookies de sesión o incluso redirigir a páginas fraudulentas.

Inyección de Comandos (Command Injection): Este tipo de inyección se aprovecha de aplicaciones que permiten la ejecución de comandos del sistema a través de entradas del usuario. El atacante introduce comandos maliciosos que se ejecutarán en el sistema, lo que puede darles acceso a funciones del sistema o permitir la instalación de malware.

3. Creación del Código Malicioso:

El atacante prepara el código que quiere inyectar. Este código puede ser una consulta SQL, un script JavaScript o incluso un comando del sistema, dependiendo del tipo de inyección de código que estén utilizando.
4. Introducción del Código Malicioso:

El atacante encuentra un punto de entrada en la aplicación donde puede introducir su código. Esto suele ser a través de formularios web, campos de búsqueda o cualquier lugar donde la aplicación acepte entrada de usuario.
5. Ejecución del Código:

Una vez que el código malicioso es introducido, la aplicación lo procesa y ejecuta como si fuera parte del código legítimo. Esto puede llevar a la manipulación de la aplicación o sistema de la manera que el atacante desee.

6. Resultados del Ataque:

Dependiendo del tipo de inyección y el código malicioso utilizado, los resultados pueden variar. Esto podría incluir la obtención de información confidencial, el robo de credenciales, la manipulación de la base de datos, entre otros.

7. Potenciales Consecuencias:

Las consecuencias de una inyección de código pueden ser graves. Pueden incluir la exposición de datos sensibles, la pérdida de la integridad de los datos, la pérdida de control sobre el sistema, o incluso la interrupción completa de servicios.

8. Prevención y Mitigación:

Para prevenir la inyección de código, es esencial validar y filtrar cuidadosamente las entradas de usuario, así como utilizar técnicas de codificación segura y parchear regularmente las vulnerabilidades conocidas.

Ataques de Intermediarios
Estos ataques se centran en interceptar y manipular comunicaciones entre sistemas, lo que puede llevar a la extracción de información confidencial.

Escucha y Espionaje Electrónico
Involucra la interceptación de comunicaciones para obtener información confidencial o clasificada.

La Evolución de las Amenazas
A medida que la tecnología avanza, también lo hacen las amenazas cibernéticas. El panorama de seguridad está en constante evolución, con nuevas técnicas y vectores de ataque emergiendo regularmente. Por ello, la vigilancia y la adaptación constante son esenciales para mantenernos protegidos.

Este capítulo nos sumerge en el mundo de las amenazas y ataques cibernéticos. Al comprender las tácticas empleadas por los ciberdelincuentes, estamos mejor preparados para fortificar nuestras defensas y proteger nuestros activos digitales. En los siguientes capítulos, exploraremos las estrategias y tecnologías que constituyen la primera línea de defensa contra estas amenazas.

Estudio de Caso: Ataque de Ransomware "CyberLock"

En junio de 2021, la organización que auxiliamos, una empresa de servicios financieros con una amplia presencia en línea, se enfrentó a un ataque cibernético significativo. Este incidente destacó la importancia de la preparación y respuesta ante ciberataques.

Fase 1: Detección y Origen del Ataque

Todo comenzó cuando algunos empleados notaron una ralentización inusual en los sistemas y recibieron mensajes de advertencia en sus pantallas. Se detectó un aumento anormal en el tráfico de red hacia servidores específicos. Inmediatamente, el equipo de seguridad de la información (SI) comenzó a investigar.

Se descubrió que el ataque había sido iniciado a través de un correo electrónico de phishing que contenía un archivo adjunto malicioso. Este archivo ejecutaba el malware de ransomware denominado "CyberLock" una vez abierto.

Fase 2: Respuesta y Contención

Aislamiento de Sistemas: Se identificaron y desconectaron los sistemas comprometidos para evitar la propagación del ransomware a otros segmentos de la red.

Notificación a Equipos Relevantes: Se notificó al equipo de respuesta a incidentes y se activó el protocolo de gestión de incidentes.

Análisis Forense: Se inició un análisis forense para determinar la extensión del daño y obtener información sobre el atacante.

Fase 3: Evaluación y Restauración

Evaluación del Daño: Se determinó que la mayoría de los sistemas afectados eran de uso interno y no almacenaban datos críticos. Sin embargo, algunos servidores de respaldo habían sido encriptados.

Restauración desde Copias de Seguridad: Los servidores de respaldo afectados se restauraron desde copias de seguridad recientes. Este proceso tomó varias horas, pero fue crucial para la recuperación de la operatividad normal.

Fase 4: Comunicación y Gestión de Crisis

Comunicación Interna: Se mantuvo a los empleados informados sobre el incidente, las medidas tomadas y las expectativas para la continuidad del negocio.

Comunicación Externa: Se emitió un comunicado a los clientes y socios para informarles sobre el incidente y proporcionarles medidas de seguridad recomendadas.

Fase 5: Lecciones Aprendidas y Mejoras

Análisis Post-Incidente: Se realizó un análisis exhaustivo del incidente para identificar debilidades y áreas de mejora en las políticas y prácticas de seguridad.

Implementación de Medidas Correctivas: Se implementaron medidas adicionales de seguridad, como la mejora de la detección de phishing y la intensificación de la formación en concienciación sobre seguridad.

El incidente de "CyberLock" fue un recordatorio contundente de la importancia de la preparación y respuesta ante ciberataques. Gracias a una detección rápida, una respuesta efectiva y una evaluación cuidadosa del daño, pudimos minimizar el impacto y restaurar la normalidad en un plazo razonable.

Este incidente subraya la necesidad constante de vigilancia y mejora en la ciberseguridad, y ha fortalecido nuestra determinación de estar a la vanguardia en la protección de nuestros activos digitales y la confianza de nuestros clientes.

Codigo de programacion en antivirus

Desarrollar un antivirus completo es un proyecto complejo que requiere conocimientos avanzados de programación y comprensión profunda de la ciberseguridad. No obstante, puedo proporcionarte un ejemplo muy básico de cómo podría ser la estructura de un programa antivirus muy simplificado en Python. Ten en cuenta que esto es solo un ejemplo muy básico y no debe ser utilizado en entornos reales.

```python
import os

def escanear_archivos(directorio):
    for raiz, directorios, archivos in os.walk(directorio):
        for archivo in archivos:
            ruta_completa = os.path.join(raiz, archivo)
            if es_archivo_malicioso(ruta_completa):
                print(f"Archivo malicioso encontrado: {ruta_completa}")

def es_archivo_malicioso(archivo):
    # Aquí implementarías lógica de detección de malware.
    # Por simplicidad, este ejemplo solo verifica si el archivo tiene una ex
    return archivo.endswith(".exe")

if __name__ == "__main__":
    directorio_escaneo = "/ruta/del/directorio/a/escanear"
    escanear_archivos(directorio_escaneo)
```

En este ejemplo, estamos utilizando Python para crear un programa muy básico de escaneo de archivos. Este programa simplemente recorre un directorio y verifica si los archivos tienen la extensión ".exe". Por supuesto, en un antivirus real, la lógica de detección sería mucho más compleja y estaría basada en firmas, heurísticas y otras técnicas avanzadas.

Un antivirus real usaría técnicas como:

Firmas de Virus: Compararía el contenido de los archivos con una base de datos de firmas conocidas de virus.

Heurísticas: Usaría algoritmos para detectar comportamientos sospechosos o patrones de código malicioso.

Análisis de Comportamiento: Observaría el comportamiento del programa en ejecución para detectar actividades maliciosas.

Protección en Tiempo Real: Monitorearía constantemente el sistema en busca de actividad maliciosa.

Actualizaciones de Definiciones: Mantendría una base de datos actualizada de firmas de virus conocidas.

Cuarentena y Eliminación de Malware: Si se detecta un archivo malicioso, se tomarían medidas para ponerlo en cuarentena o eliminarlo.

Detectar un sistema malicioso es un proceso complejo que implica múltiples técnicas de análisis y verificación. Python puede ser utilizado como una herramienta dentro de un conjunto de herramientas más amplio para este propósito. A continuación, proporciono un ejemplo muy básico de cómo podrías usar Python para realizar una verificación simple en un sistema. Ten en cuenta que esto es solo una demostración y no debe ser considerado como una solución completa o definitiva.

Ejemplo 1

```python
import os

def detectar_cambios(directorio, frecuencia):
    archivos = {}

    while True:
        for raiz, directorios, archivos_actuales in os.walk(directorio):
            for archivo in archivos_actuales:
                ruta_completa = os.path.join(raiz, archivo)
                tiempo_modificacion = os.path.getmtime(ruta_completa)

                if ruta_completa not in archivos:
                    archivos[ruta_completa] = tiempo_modificacion
                elif tiempo_modificacion != archivos[ruta_completa]:
                    print(f"El archivo {ruta_completa} ha sido modificado.")
                    # Aquí podrías tomar medidas para investigar más, como r

        # Espera un tiempo antes de volver a escanear
        time.sleep(frecuencia)

if __name__ == "__main__":
    directorio_monitoreo = "/ruta/del/directorio/a/monitorear"
    frecuencia_escaneo = 60  # Escanear cada 60 segundos
    detectar_cambios(directorio_monitoreo, frecuencia_escaneo)
```

Ejemplo 2

```python
import os

def buscar_programas_maliciosos():
    programas_potencialmente_maliciosos = []

    # Lista de procesos maliciosos conocidos (solo un ejemplo)
    procesos_maliciosos_conocidos = ['malware.exe', 'virus.py']

    for proceso in procesos_maliciosos_conocidos:
        if proceso_activo(proceso):
            programas_potencialmente_maliciosos.append(proceso)

    return programas_potencialmente_maliciosos

def proceso_activo(nombre_proceso):
    with os.popen('tasklist /NH /FI "IMAGENAME eq {}"'.format(nombre_proceso
        output = tasklist.read()
        return nombre_proceso in output

if __name__ == "__main__":
    programas_maliciosos = buscar_programas_maliciosos()

    if programas_maliciosos:
        print("Se detectaron posibles programas maliciosos:")
        for programa in programas_maliciosos:
            print(programa)
    else:
        print("No se detectaron programas maliciosos.")
```

Ejemplo 3

```python
import psutil

def buscar_procesos_maliciosos():
    procesos_maliciosos = []

    for proceso in psutil.process_iter(['pid', 'name']):
        nombre = proceso.info['name']

        # Lista de procesos maliciosos simulados (solo como ejemplo)
        procesos_maliciosos_conocidos = ['malware.exe', 'virus.py']

        if nombre in procesos_maliciosos_conocidos:
            procesos_maliciosos.append(proceso.info)

    return procesos_maliciosos

if __name__ == "__main__":
    procesos_maliciosos = buscar_procesos_maliciosos()

    if procesos_maliciosos:
        print("Se encontraron procesos maliciosos:")
        for proceso in procesos_maliciosos:
            print(f"PID: {proceso['pid']}, Nombre: {proceso['name']}")
    else:
        print("No se encontraron procesos maliciosos.")
```

Capítulo 3: Principios Fundamentales de Seguridad.

En este capítulo, profundizaremos en los principios esenciales que forman la base de la ciberseguridad. Estos conceptos son los cimientos sobre los cuales se construyen estrategias y prácticas de seguridad sólidas.

Confidencialidad, Integridad y Disponibilidad (CID)
Confidencialidad
La confidencialidad implica que la información solo es accesible para aquellos que están autorizados a verla. Para garantizarla, se utilizan técnicas como la criptografía y la gestión de accesos.

Integridad
La integridad asegura que la información no sea alterada de manera no autorizada. Esto implica mantener la exactitud y coherencia de los datos a lo largo del tiempo.

Disponibilidad
La disponibilidad garantiza que los sistemas y la información estén disponibles y accesibles cuando se necesiten. Se trata de prevenir interrupciones o bloqueos que puedan afectar la operatividad.

Autenticación y Autorización
Autenticación
La autenticación verifica la identidad de un usuario o sistema. Esto puede involucrar contraseñas, biometría u otros métodos para asegurarse de que el acceso sea concedido a las personas adecuadas.

Autorización
Una vez autenticado, se otorgan los permisos y privilegios necesarios para acceder a ciertos recursos o realizar ciertas acciones. Esto se basa en el principio de privilegio mínimo.

Protección de Datos
En Reposo, en Tránsito y en Uso
Los datos deben estar protegidos en todas sus formas: cuando están almacenados en dispositivos o servidores (reposo), cuando se están

transmitiendo a través de redes (tránsito) y cuando están siendo utilizados por aplicaciones o usuarios (uso).

Retención y Eliminación Segura

Establecer políticas de retención de datos y asegurarse de que la información se elimine de manera segura cuando ya no sea necesaria es crucial para evitar fugas de información.

Seguridad Física y Lógica

Seguridad Física

La seguridad física implica proteger los activos y sistemas de información a través de medidas como control de acceso, cámaras de vigilancia y protección contra desastres.

Seguridad Lógica

La seguridad lógica se centra en la protección de los activos digitales a través de la implementación de firewalls, antivirus, sistemas de detección de intrusos y otras tecnologías.

Educación y Concientización

Usuarios como Eslabón Fundamental

La educación y concientización de los usuarios son fundamentales para prevenir amenazas como el phishing y fomentar buenas prácticas de seguridad.

Estudio de Caso: Ataque a los Principios Fundamentales de Seguridad en la Empresa Que llamaremos "TechGuard" para proteccion de la empresa que auxiliamos

En marzo de 2020, la empresa "TechGuard", una firma de tecnología líder en soluciones de seguridad cibernética, se enfrentó a un ataque que puso a prueba los principios fundamentales de seguridad en la organización. Este incidente destacó la importancia de la vigilancia constante y la respuesta rápida en ciberseguridad.

Fase 1: Surgimiento y Detección del Ataque

El ataque se originó a través de un correo electrónico de phishing altamente sofisticado con sistemas de código de protección de bit de 512 bits dirigido a uno de nuestros empleados de nivel ejecutivo. El correo electrónico contenía un enlace malicioso que llevó al empleado a un sitio web de apariencia legítima, pero comprometido.

La detección del ataque se produjo cuando el sistema de monitoreo de correo electrónico identificó el enlace sospechoso y alertó al equipo de seguridad.

Fase 2: Análisis y Identificación del Ataque

Análisis de Correo Electrónico:

Se llevó a cabo un análisis detallado del correo electrónico de phishing para identificar indicadores de compromiso y técnicas de ingeniería social utilizadas.

Rastreo del Sitio Web Comprometido:

Se investigó el sitio web comprometido para determinar si se trataba de un sitio legítimo que había sido hackeado o si era una página falsa diseñada específicamente para el ataque.

Fase 3: Respuesta y Enfrentamiento al Ataque

Aislamiento del Correo Electrónico y del Sitio Web Comprometido:

El correo electrónico de phishing fue aislado y las credenciales del empleado fueron cambiadas de inmediato. Además, se bloqueó el acceso al sitio web comprometido.

Alerta a Personal Clave y Equipos de Respuesta:

Se notificó a los equipos relevantes, incluyendo al equipo de respuesta a incidentes y al departamento de TI, sobre el incidente y se les proporcionó información detallada para su análisis.

Fase 4: Análisis Post-Incidente y Mejoras

Evaluación de Vulnerabilidades de Seguridad:

Se realizó una evaluación completa de la infraestructura y se identificaron áreas que requerían mejoras en términos de seguridad.

Refuerzo de Programas de Concientización sobre Seguridad:

Se implementaron programas de capacitación más intensivos sobre concienciación de seguridad cibernética para educar a los empleados sobre las últimas técnicas de ingeniería social.

El incidente reforzó la importancia de la vigilancia continua y la respuesta rápida en ciberseguridad. Al abordar el ataque de manera efectiva, pudimos mitigar el impacto y fortalecer nuestra postura de seguridad.

"TechGuard" aprovechó este incidente como una oportunidad para aprender y mejorar sus prácticas de seguridad. Continuamos comprometidos con la protección de nuestros activos digitales y la confianza de nuestros clientes, y estamos decididos a mantenernos a la vanguardia en ciberseguridad en un entorno tecnológico en constante cambio.

Este capítulo ha sentado los cimientos de la ciberseguridad, destacando los pilares de confidencialidad, integridad y disponibilidad, así como los principios de autenticación y autorización. Al comprender estos conceptos fundamentales, estamos mejor preparados para diseñar estrategias de seguridad robustas que protejan nuestros activos digitales en un mundo interconectado y en constante cambio. En los próximos capítulos, nos adentraremos en las aplicaciones prácticas de estos principios y exploraremos cómo se implementan en entornos reales.

Capítulo 4: Criptografía y Seguridad de la Información.

En este capítulo, exploraremos el papel fundamental que desempeña la criptografía en la protección de la información sensible y en la garantía de su confidencialidad e integridad.

Fundamentos de Criptografía

Cifrado y Descifrado
La criptografía utiliza algoritmos matemáticos para transformar datos en un formato ilegible (cifrado) que solo puede ser revertido por aquellos que poseen la clave adecuada (descifrado).

Clave Pública y Clave Privada

El sistema de criptografía de clave pública utiliza un par de claves: una pública para cifrar y una privada para descifrar. Esto permite una comunicación segura sin necesidad de compartir la clave privada.

Algoritmos Simétricos y Asimétricos

Los algoritmos simétricos son aquellos que utilizan la misma clave para cifrar y descifrar datos. Uno de los algoritmos simétricos más comunes es AES (Advanced Encryption Standard). A continuación te mostraré un ejemplo de cómo usar AES en Python utilizando el módulo cryptography.

```python
from cryptography.hazmat.primitives import padding
from cryptography.hazmat.primitives.ciphers import Cipher, algorithms, modes
from cryptography.hazmat.backends import default_backend
from base64 import b64encode, b64decode

# Función para cifrar usando AES
def cifrar(texto, clave):
    # Convertir la clave y el texto a bytes
    clave = clave.encode('utf-8')
    texto = texto.encode('utf-8')

    # Añadir padding al texto
    padder = padding.PKCS7(128).padder()
    texto_paddado = padder.update(texto) + padder.finalize()

    # Generar un vector de inicialización (IV) aleatorio
    iv = os.urandom(16)

    # Crear un objeto Cipher con AES en modo CBC
    cipher = Cipher(algorithms.AES(clave), modes.CFB(iv), backend=default_ba
    encryptor = cipher.encryptor()

    # Cifrar el texto
    texto_cifrado = encryptor.update(texto_paddado) + encryptor.finalize()
```

```python
# Función para descifrar usando AES
def descifrar(iv, texto_cifrado, clave):
    # Convertir la clave a bytes
    clave = clave.encode('utf-8')

    # Crear un objeto Cipher con AES en modo CBC
    cipher = Cipher(algorithms.AES(clave), modes.CFB(iv), backend=default_ba
    decryptor = cipher.decryptor()

    # Descifrar el texto
    texto_descifrado = decryptor.update(texto_cifrado) + decryptor.finalize(

    # Quitar el padding
    unpadder = padding.PKCS7(128).unpadder()
    texto_original = unpadder.update(texto_descifrado) + unpadder.finalize()

    # Decodificar y devolver el texto original
    return texto_original.decode('utf-8')

# Ejemplo de uso
if __name__ == "__main__":
    clave = "clave_secreta"
    mensaje = "Hola, este es un mensaje secreto."

    iv, texto_cifrado = cifrar(mensaje, clave)
    print(f"Texto Cifrado: {b64encode(texto_cifrado).decode('utf-8')}")

    texto_descifrado = descifrar(iv, texto_cifrado, clave)
    print(f"Texto Descifrado: {texto_descifrado}")
```

Sistema Asimétrico.

```python
from cryptography.hazmat.primitives import serialization
from cryptography.hazmat.primitives.asymmetric import rsa
from cryptography.hazmat.backends import default_backend

# Generar un par de claves RSA
private_key = rsa.generate_private_key(
    public_exponent=65537,
    key_size=2048,
    backend=default_backend()
)

public_key = private_key.public_key()

# Serializar y guardar las claves en archivos
with open("private_key.pem", "wb") as private_key_file:
    private_key_bytes = private_key.private_bytes(
        encoding=serialization.Encoding.PEM,
        format=serialization.PrivateFormat.TraditionalOpenSSL,
        encryption_algorithm=serialization.NoEncryption()
    )
    private_key_file.write(private_key_bytes)

with open("public_key.pem", "wb") as public_key_file:
    public_key_bytes = public_key.public_bytes(
        encoding=serialization.Encoding.PEM,
        format=serialization.PublicFormat.SubjectPublicKeyInfo
    )
    public_key_file.write(public_key_bytes)
```

Los algoritmos simétricos utilizan la misma clave para cifrar y descifrar, mientras que los asimétricos utilizan pares de claves diferentes.

Aplicaciones de la Criptografía
Comunicaciones Seguras

La criptografía asegura que las comunicaciones a través de redes públicas, como Internet, sean confidenciales y no susceptibles de interceptación no autorizada.

Protección de Datos Sensibles
La criptografía se aplica para proteger datos almacenados en dispositivos y servidores, evitando el acceso no autorizado.

Firmas Digitales
Las firmas digitales garantizan la autenticidad de un mensaje o documento, permitiendo verificar la identidad del remitente y la integridad del contenido.

Algoritmo de firma digital ECDSA (Elliptic Curve Digital Signature Algorithm)

```python
from cryptography.hazmat.primitives import serialization
from cryptography.hazmat.primitives.asymmetric import ec, utils

# Generar un par de claves ECDSA
private_key = ec.generate_private_key(ec.SECP256R1(), backend=None)
public_key = private_key.public_key()

# Serializar y guardar la clave privada en un archivo
with open("private_key.pem", "wb") as private_key_file:
    private_key_bytes = private_key.private_bytes(
        encoding=serialization.Encoding.PEM,
        format=serialization.PrivateFormat.TraditionalOpenSSL,
        encryption_algorithm=serialization.NoEncryption()
    )
    private_key_file.write(private_key_bytes)

# Serializar y guardar la clave pública en un archivo
with open("public_key.pem", "wb") as public_key_file:
    public_key_bytes = public_key.public_bytes(
        encoding=serialization.Encoding.PEM,
        format=serialization.PublicFormat.SubjectPublicKeyInfo
    )
    public_key_file.write(public_key_bytes)

# Cargar la clave privada desde el archivo
with open("private_key.pem", "rb") as private_key_file:
    private_key = serialization.load_pem_private_key(private_key_file.read()

# Firmar un mensaje
mensaje = b"Este es el mensaje que será firmado."
firma = private_key.sign(
    mensaje,
    ec.ECDSA(utils.Prehashed(utils.SHA256())))
```

```
# Cargar la clave pública desde el archivo
with open("public_key.pem", "rb") as public_key_file:
    public_key = serialization.load_pem_public_key(public_key_file.read(), b

# Verificar la firma
try:
    public_key.verify(
        firma,
        mensaje,
        ec.ECDSA(utils.Prehashed(utils.SHA256()))
    )
    print("La firma es válida.")
except Exception as e:
    print("La firma es inválida.")
    print(e)
```

Transacciones Financieras

La criptografía juega un papel crucial en la seguridad de las transacciones en línea, protegiendo los detalles de tarjetas de crédito y otros datos financieros.

Protocolos de Seguridad

SSL/TLS

Estos protocolos proporcionan comunicaciones seguras a través de Internet, utilizados para proteger transacciones en línea y garantizar la confidencialidad de datos sensibles.

IPSec

IPSec asegura la comunicación en redes IP, autenticando y cifrando los datos transmitidos.

Desafíos y Futuro de la Criptografía

Computación Cuántica

El desarrollo de la computación cuántica plantea desafíos para la criptografía actual y promueve la investigación en algoritmos cuántico-resistentes.

Avances en Algoritmos Criptográficos

El campo de la criptografía está en constante evolución, con nuevos algoritmos y técnicas que buscan mejorar la seguridad y eficiencia.

Estudio de Caso: Implementación de Criptografía y Seguridad de la Información en la Empresa "TechShield"

Introducción

Como CTO consultor de la empresa que llamaré "TechShield" para la protección de dicha empresa , fui encargado de liderar la implementación de medidas de criptografía y seguridad de la información en nuestra organización. Esta iniciativa surgió en respuesta a la creciente amenaza de ciberataques y la necesidad de proteger los datos sensibles de nuestros clientes.

Fase 1: Identificación de la Necesidad

Todo comenzó con un análisis exhaustivo de nuestra infraestructura y procesos. Detectamos que, aunque teníamos medidas de seguridad en su lugar, la implementación de la criptografía en áreas clave era esencial para elevar nuestro nivel de protección.

Fase 2: Evaluación de la Infraestructura Actual

Realizamos una evaluación detallada de nuestra infraestructura de TI, identificando los puntos de acceso más críticos y las áreas donde se manejaban datos confidenciales. También analizamos nuestras políticas de seguridad actuales para determinar dónde se podía integrar la criptografía de manera efectiva.

Fase 3: Selección de Algoritmos y Protocolos Criptográficos

En consulta con nuestro equipo de seguridad, seleccionamos algoritmos y protocolos criptográficos robustos y actualizados. Optamos por AES para el cifrado de datos en reposo y TLS para la protección de la comunicación entre servidores y clientes.

Los protocolos criptográficos son conjuntos de reglas y procedimientos que definen cómo se deben comunicar y autenticar las partes en una red o sistema. A continuación, te mostraré un ejemplo básico de un protocolo criptográfico utilizando el protocolo Diffie-Hellman para el intercambio de claves y AES para cifrar y descifrar mensajes en Python:

```python
from cryptography.hazmat.primitives.asymmetric import dh
from cryptography.hazmat.primitives import serialization
from cryptography.hazmat.primitives import hashes
from cryptography.hazmat.primitives.ciphers import Cipher, algorithms, modes
from cryptography.hazmat.backends import default_backend

# Generar parámetros compartidos para el protocolo Diffie-Hellman
parameters = dh.generate_parameters(generator=2, key_size=2048, backend=defa

# Generar claves privada y pública para el intercambio de claves
private_key = parameters.generate_private_key()
public_key = private_key.public_key()

# Serializar y guardar la clave pública en un archivo
with open("public_key.pem", "wb") as public_key_file:
    public_key_bytes = public_key.public_bytes(
        encoding=serialization.Encoding.PEM,
        format=serialization.PublicFormat.SubjectPublicKeyInfo
    )
    public_key_file.write(public_key_bytes)

# Cargar la clave pública del destinatario
with open("public_key.pem", "rb") as public_key_file:
    recipient_public_key = serialization.load_pem_public_key(public_key_file

# Realizar el intercambio de claves Diffie-Hellman
shared_key = private_key.exchange(recipient_public_key)
```

```
# Derivar una clave para el cifrado usando una función hash
derived_key = hashes.Hash(hashes.SHA256(), backend=default_backend())
derived_key.update(shared_key)
encryption_key = derived_key.finalize()

# Cifrar un mensaje
mensaje = b"Este es un mensaje secreto."
iv = b'\x00' * 16  # Vector de inicialización para AES
cipher = Cipher(algorithms.AES(encryption_key), modes.CFB(iv), backend=defau
encryptor = cipher.encryptor()
texto_cifrado = encryptor.update(mensaje) + encryptor.finalize()

# Descifrar el mensaje
decryptor = cipher.decryptor()
texto_descifrado = decryptor.update(texto_cifrado) + decryptor.finalize()

print(f"Texto Cifrado: {texto_cifrado}")
print(f"Texto Descifrado: {texto_descifrado}")
```

Fase 4: Implementación y Despliegue

Comenzamos la implementación de la criptografía en etapas, comenzando
con los sistemas más críticos y los servicios que manejaban datos sensibles.
Esto incluyó bases de datos, sistemas de gestión de contenido y aplicaciones
de comunicación interna.

Fase 5: Formación y Sensibilización del Personal

Fue crucial educar a nuestro personal sobre las nuevas medidas de
seguridad implementadas. Organizamos sesiones de formación y
concientización para asegurarnos de que todos comprendieran la importancia
de la criptografía y cómo se aplicaba en sus funciones.

Fase 6: Monitoreo y Detección de Anomalías

Implementamos sistemas de monitoreo y detección de anomalías para
identificar posibles intentos de acceso no autorizado o actividades inusuales.
Esto incluyó la configuración de alertas para notificar al equipo de seguridad
en tiempo real.

```
import numpy as np
from sklearn.ensemble import IsolationForest
import matplotlib.pyplot as plt

# Generar datos de ejemplo
np.random.seed(42)
data = np.concatenate([np.random.normal(0, 1, 500), np.random.normal(10, 1,

# Crear un modelo de Isolation Forest
model = IsolationForest(contamination=0.1, random_state=42)

# Entrenar el modelo
data = data.reshape(-1, 1)
model.fit(data)

# Predecir anomalías (valores atípicos)
anomalies = model.predict(data)

# Visualizar los resultados
plt.figure(figsize=(10, 6))
plt.scatter(range(len(data)), data, c=anomalies, cmap='viridis')
plt.xlabel('Índice de Datos')
plt.ylabel('Valor')
plt.title('Detección de Anomalías utilizando Isolation Forest')
plt.colorbar(label='Predicción de Anomalías (1: Anomalía, -1: Normal)')
plt.show()
```

Fase 7: Respuesta a Incidentes

Unos meses después de la implementación, detectamos un intento de intrusión en uno de nuestros sistemas. Gracias a las medidas de seguridad implementadas, pudimos identificar y bloquear al atacante antes de que pudiera acceder a datos sensibles.

Fase 8: Evaluación Post-Incidente y Mejoras Continuas

Tras el incidente, realizamos una revisión exhaustiva para identificar posibles áreas de mejora. Implementamos medidas adicionales, como la configuración de alertas más sensibles y la revisión periódica de la configuración de seguridad.

```python
from sklearn.ensemble import IsolationForest
import numpy as np

# Generar un conjunto de datos de ejemplo (2D)
datos_normales = np.random.normal(0, 0.1, (1000, 2))   # Datos normales
datos_anomalos = np.random.uniform(-1, 1, (50, 2))      # Datos anómalos

# Unir los datos normales y anómalos
datos = np.vstack((datos_normales, datos_anomalos))

# Entrenar el modelo Isolation Forest
modelo = IsolationForest(contamination=0.05)   # Porcentaje de datos que se e
modelo.fit(datos)

# Predecir anomalías
etiquetas = modelo.predict(datos)

# Etiquetar los datos (1 para normales, -1 para anomalías)
etiquetas[etiquetas == 1] = 0  # Cambiar etiquetas de normales a 0
etiquetas[etiquetas == -1] = 1  # Cambiar etiquetas de anomalías a 1

# Contar el número de anomalías detectadas
num_anomalías = np.sum(etiquetas)

print(f"Número de anomalías detectadas: {num_anomalías}")
```

La implementación de la criptografía y medidas de seguridad de la información fortaleció significativamente la protección de los datos sensibles de "TechShield". El incidente posterior destacó la efectividad de las medidas implementadas y subrayó la importancia de la vigilancia constante.

A medida que avanzamos, estamos comprometidos a mantenernos actualizados con las últimas tecnologías y mejores prácticas de seguridad para garantizar la integridad y confidencialidad de la información de nuestros clientes.

La criptografía es una herramienta esencial en el arsenal de la ciberseguridad, proporcionando los medios para proteger la confidencialidad e integridad de la información en un mundo digital interconectado. Al comprender los fundamentos y aplicaciones de la criptografía, estamos mejor preparados para implementar medidas efectivas de seguridad en nuestras comunicaciones y sistemas. En los capítulos siguientes, exploraremos cómo se integra la criptografía en la protección de redes y sistemas informáticos.

Capítulo 5: Redes y Seguridad.

En este capítulo, exploraremos cómo las redes, la columna vertebral de la comunicación digital, se convierten en el epicentro de la ciberseguridad. Desde la protección de datos en tránsito hasta la defensa contra amenazas en tiempo real, la seguridad de red es esencial en la protección de la información.

Seguridad en Redes Locales y en Internet
Cortafuegos (Firewalls)
Los cortafuegos actúan como guardianes virtuales, controlando el tráfico de red y bloqueando actividades maliciosas o no autorizadas.

VPN (Red Privada Virtual)
Las VPN proporcionan un túnel seguro para la comunicación a través de redes públicas, garantizando la confidencialidad de la información.

```python
from cryptography.hazmat.primitives import serialization
from cryptography.hazmat.primitives.asymmetric import rsa
from cryptography.hazmat.backends import default_backend
from cryptography.hazmat.primitives import hashes
import socket

# Simulación de un servidor VPN remoto
def iniciar_servidor_vpn():
    # Generar un par de claves RSA para autenticación
    private_key = rsa.generate_private_key(public_exponent=65537, key_size=
    public_key = private_key.public_key()

    # Serializar y guardar la clave pública en el servidor
    with open("public_key.pem", "wb") as public_key_file:
        public_key_bytes = public_key.public_bytes(
            encoding=serialization.Encoding.PEM,
            format=serialization.PublicFormat.SubjectPublicKeyInfo
        )
        public_key_file.write(public_key_bytes)

    # Esperar a que un cliente se conecte
    servidor = socket.socket(socket.AF_INET, socket.SOCK_STREAM)
    servidor.bind(("127.0.0.1", 5000))
    servidor.listen(1)
    print("Esperando conexión de cliente...")

    cliente, direccion = servidor.accept()
    print(f"Conexión establecida con {direccion}")

    # Enviar la clave pública al cliente para autenticación
    with open("public_key.pem", "rb") as public_key_file:
        clave_publica = public_key_file.read()
        cliente.send(clave_publica)
```

```python
    # Recibir un mensaje del cliente y mostrarlo
    mensaje_cifrado = cliente.recv(4096)
    mensaje_descifrado = private_key.decrypt(
        mensaje_cifrado,
        padding.PKCS1v15(),
        hashes.SHA256()
    )
    print(f"Mensaje del cliente: {mensaje_descifrado.decode('utf-8')}")

    # Cerrar la conexión
    cliente.close()
    servidor.close()

# Simulación de un cliente VPN
def iniciar_cliente_vpn():
    # Conectar al servidor
    cliente = socket.socket(socket.AF_INET, socket.SOCK_STREAM)
    cliente.connect(("127.0.0.1", 5000))

    # Recibir la clave pública del servidor para autenticación
    clave_publica = cliente.recv(4096)
    with open("public_key_server.pem", "wb") as public_key_file:
        public_key_file.write(clave_publica)

    # Cargar la clave pública del servidor
    with open("public_key_server.pem", "rb") as public_key_file:
        public_key = serialization.load_pem_public_key(public_key_file.read(

    # Enviar un mensaje cifrado al servidor
    mensaje = "Hola, servidor. Soy el cliente."
    mensaje_cifrado = public_key.encrypt(
        mensaje.encode('utf-8'),
```

Un VPN (Red Privada Virtual) es una tecnología que permite a los usuarios acceder a una red privada a través de una red pública, como Internet. Funciona creando un "túnel" seguro y encriptado entre tu dispositivo y un servidor remoto. Vamos a desglosar cómo funciona un VPN en detalle:

1. Conexión Inicial:
El proceso comienza cuando el usuario inicia una conexión VPN desde su dispositivo (por ejemplo, una computadora o un teléfono).

El software VPN en el dispositivo establece una conexión segura con el servidor VPN remoto. Esta conexión es encriptada y protegida contra escuchas.

2. Autenticación y Claves:
Una vez que la conexión se ha establecido, se lleva a cabo un proceso de autenticación para verificar la identidad del usuario. Esto puede implicar el intercambio de claves o certificados digitales.

3. Creación del Túnel VPN:
Una vez autenticado, se crea un túnel VPN. Este túnel es una conexión virtual segura y encriptada entre el dispositivo del usuario y el servidor VPN remoto.

4. Encriptación de Datos:
Todo el tráfico de datos entre el dispositivo del usuario y el servidor VPN se encripta. Esto significa que, incluso si alguien intercepta los datos, no podrá leerlos sin la clave de desencriptación.

5. Ruteo de Tráfico:
Una vez dentro del túnel VPN, el tráfico de datos se envía a través de este canal seguro. Esto significa que el tráfico no sigue la ruta normal a través de Internet, sino que se dirige directamente al servidor VPN.

6. Acceso a la Red Privada:
Desde el servidor VPN remoto, el tráfico puede ser dirigido hacia la red privada a la que el servidor está conectado. Esto significa que el usuario puede acceder a los recursos de la red privada como si estuviera físicamente presente en esa ubicación.

7. Acceso a Internet:
Dependiendo de la configuración, el tráfico de Internet puede pasar a través del servidor VPN antes de salir a la red pública. Esto proporciona un nivel adicional de seguridad y anonimato.

8. Respuesta del Servidor VPN:
Cuando el servidor VPN recibe datos de la red privada o de Internet en nombre del usuario, encripta esos datos y los envía a través del túnel VPN de regreso al dispositivo del usuario.

9. Desencriptación y Entrega:

Al llegar al dispositivo del usuario, los datos se desencriptan y se entregan al software o aplicación correspondiente.

10. Salida a Internet (Opcional):
Si se ha configurado, el tráfico de Internet puede pasar a través del servidor VPN antes de salir a la red pública. Esto oculta la dirección IP del usuario y proporciona un mayor anonimato.

11. Mantenimiento de la Conexión:
Durante la duración de la sesión VPN, se mantiene activa una conexión constante entre el dispositivo del usuario y el servidor VPN. Esto asegura que el túnel VPN permanezca estable y operativo.

12. Desconexión y Cierre de la Sesión:
Cuando el usuario decide desconectarse del VPN, se cierra la conexión entre el dispositivo y el servidor VPN. Los datos ya no se envían a través del túnel seguro y el tráfico sigue las rutas normales a través de Internet.

13. Cifrado de Datos:
La encriptación de extremo a extremo asegura que los datos no sean legibles si son interceptados. Los algoritmos de encriptación robustos protegen la confidencialidad y la integridad de los datos.

14. Autenticación Fuerte:
La autenticación sólida garantiza que solo los usuarios autorizados puedan acceder a la red privada a través del VPN.

5. Beneficios Adicionales:
Además de la seguridad, los VPNs también pueden proporcionar anonimato al ocultar la dirección IP del usuario. Esto es útil para proteger la privacidad en línea.

Detección y Prevención de Intrusiones (IDS/IPS)
Los sistemas de detección y prevención de intrusos supervisan la red en busca de comportamientos anómalos y responden automáticamente para prevenir ataques.

La Prevención de Intrusiones (IPS) y el Sistema de Detección de Intrusiones (IDS) son sistemas de seguridad que monitorean y protegen una red contra actividades maliciosas o anómalas. Un IDS detecta y alerta sobre eventos sospechosos, mientras que un IPS tiene la capacidad adicional de tomar medidas para prevenir o mitigar posibles ataques. A continuación, te mostraré un ejemplo básico en Python de cómo podrías simular un IDS/IPS utilizando un enfoque muy simplificado:

```python
# Ejemplo muy básico de simulación de IDS/IPS
def detectar_intrusion(evento):
    if evento == "Intento de Escaneo de Puertos":
        print("Alerta de IDS: Posible intento de escaneo de puertos detectad
        # En un IPS, aquí se podrían tomar medidas como bloquear la direcció
    elif evento == "Ataque de Fuerza Bruta":
        print("Alerta de IDS: Posible ataque de fuerza bruta detectado. Toma
        # En un IPS, aquí se podrían tomar medidas como bloquear la direcció
    else:
        print("Evento no detectado por el IDS. Sin acciones tomadas.")

# Simulación de eventos en la red
eventos_detectados = ["Intento de Escaneo de Puertos", "Ataque de Fuerza Bru

for evento in eventos_detectados:
    detectar_intrusion(evento)
```

Filtrado de Contenido Web
Esta medida de seguridad bloquea o filtra el acceso a sitios web maliciosos o no autorizados.

Seguridad Inalámbrica
Encriptación de Redes Wi-Fi
Utilizar protocolos de encriptación como WPA2 o WPA3 asegura que las comunicaciones inalámbricas estén protegidas contra escuchas no autorizadas.

La seguridad inalámbrica se refiere a las medidas y técnicas utilizadas para proteger las redes y dispositivos que se comunican a través de conexiones inalámbricas, como Wi-Fi o Bluetooth. A continuación, se detalla cómo funciona la seguridad inalámbrica:

1. Identificación y Autenticación:

SSID (Service Set Identifier): Es el nombre de la red inalámbrica. Ocultar el SSID puede proporcionar un nivel adicional de seguridad al evitar que los dispositivos muestren la red en la lista de redes disponibles.
Autenticación: Los dispositivos deben autenticarse para unirse a la red. Esto puede hacerse mediante una contraseña (clave de red) o utilizando métodos de autenticación más avanzados, como WPA2, WPA3, o autenticación de certificado.

2. Encriptación de Datos:
La encriptación protege los datos mientras se transmiten entre dispositivos y el punto de acceso inalámbrico. WPA2, WPA3 y otros protocolos de seguridad proporcionan encriptación robusta.

3. Claves de Encriptación:
Se generan claves temporales para encriptar la comunicación entre el punto de acceso y los dispositivos. Estas claves se renuevan periódicamente para mayor seguridad.

4. Prevención de Acceso No Autorizado:
Se utilizan medidas como filtrado de direcciones MAC y autenticación para evitar que dispositivos no autorizados se conecten a la red.

5. Segmentación de Redes:
Se crean VLANs (Virtual LANs) para segmentar la red y limitar el acceso a ciertas partes de la red a usuarios específicos.

6. Actualizaciones de Firmware y Parches de Seguridad:
Mantener el firmware del router actualizado con las últimas actualizaciones de seguridad es crucial para prevenir vulnerabilidades conocidas.

7. Firewalls de Red:
Los firewalls pueden monitorear y controlar el tráfico que entra y sale de la red, protegiendo contra ataques y filtrando contenido malicioso.

8. Auditorías de Seguridad:
Realizar auditorías de seguridad y pruebas de penetración puede identificar posibles vulnerabilidades y agujeros de seguridad en la red.

9. Desactivación de Funciones Innecesarias:

Deshabilitar servicios y características que no se utilizan, como WPS (Wi-Fi Protected Setup) si no es necesario.

10. Registros y Monitoreo de Eventos:
Mantener registros de eventos puede ayudar a identificar actividades sospechosas o ataques en la red.

11. Capa Física de Seguridad:
Limitar el alcance de la señal inalámbrica y asegurarse de que los puntos de acceso no estén ubicados en áreas públicas o accesibles.

12. VPN para Acceso Remoto:
Utilizar una Red Privada Virtual (VPN) permite a los usuarios acceder a la red de forma segura desde ubicaciones externas.

13. Conciencia de Seguridad:
Capacitar a los usuarios sobre buenas prácticas de seguridad, como no compartir contraseñas y estar alerta ante correos electrónicos o sitios web sospechosos.

14. Configuración de Políticas de Seguridad:
Establecer políticas de seguridad claras y aplicarlas en todos los dispositivos y usuarios de la red.

15. Recuperación y Respuesta ante Incidentes:
Tener planes de respuesta ante incidentes en caso de que se detecte una violación de seguridad.

```python
class Enrutador:
    def __init__(self, ssid, clave):
        self.ssid = ssid
        self.clave = clave
        self.dispositivos_conectados = []

    def conectar_dispositivo(self, dispositivo):
        self.dispositivos_conectados.append(dispos:
        dispositivo.conectar(self)

    def desconectar_dispositivo(self, dispositivo)
        self.dispositivos_conectados.remove(dispos:
        dispositivo.desconectar()

class Dispositivo:
    def __init__(self, nombre):
        self.nombre = nombre
        self.enrutador_conectado = None

    def conectar(self, enrutador):
        if self.enrutador_conectado is None:
            self.enrutador_conectado = enrutador
            print(f"{self.nombre} se ha conectado
        else:
            print(f"{self.nombre} ya está conectad
```

```python
    def desconectar(self):
        if self.enrutador_conectado is not None:
            print(f"{self.nombre} se ha desconectad
            self.enrutador_conectado = None
        else:
            print(f"{self.nombre} no está conectad

# Crear un enrutador con un SSID y una clave
mi_enrutador = Enrutador(ssid="MiRedWiFi", clave="

# Conectar dispositivos al enrutador
dispositivo1 = Dispositivo("MiLaptop")
mi_enrutador.conectar_dispositivo(dispositivo1)

dispositivo2 = Dispositivo("MiTelefono")
mi_enrutador.conectar_dispositivo(dispositivo2)

# Intentar conectar un dispositivo que ya está con
dispositivo3 = Dispositivo("MiTablet")
mi_enrutador.conectar_dispositivo(dispositivo3)

# Desconectar un dispositivo
mi_enrutador.desconectar_dispositivo(dispositivo1)

# Intentar desconectar un dispositivo que no está
mi_enrutador.desconectar_dispositivo(dispositivo1)
```

Ejemplo 2

```
# Ejemplo de configuración de seguridad de una red

# Definir el SSID (nombre de la red) y la clave de
ssid = "MiRedWiFi"
clave = "MiClaveSegura123"

# Configurar un diccionario para almacenar las dir
macs_autorizadas = {
    "Dispositivo1": "AA:BB:CC:DD:EE:FF",
    "Dispositivo2": "11:22:33:44:55:66"
}

# Simulación de un punto de acceso Wi-Fi
class PuntoDeAccesoWiFi:
    def __init__(self, ssid, clave, macs_autorizad
        self.ssid = ssid
        self.clave = clave
        self.macs_autorizadas = macs_autorizadas

    def conectar(self, dispositivo):
        if dispositivo.nombre in self.macs_autoriz
            print(f"{dispositivo.nombre} se ha con
        else:
            print(f"{dispositivo.nombre} no está a

# Simulación de un dispositivo que intenta conecta
class DispositivoWiFi:
    def __init__(self, nombre, mac):
        self.nombre = nombre
        self.mac = mac
```

```
# Crear un punto de acceso Wi-Fi
mi_wifi = PuntoDeAccesoWiFi(ssid, clave, macs_autor

# Crear dispositivos que intentan conectarse
dispositivo1 = DispositivoWiFi("Dispositivo1", "AA
dispositivo2 = DispositivoWiFi("Dispositivo2", "11
dispositivo3 = DispositivoWiFi("Dispositivo3", "99

# Intentar conectar los dispositivos a la red
mi_wifi.conectar(dispositivo1)
mi_wifi.conectar(dispositivo2)
mi_wifi.conectar(dispositivo3)
```

Este ejemplo simula la configuración de una red inalámbrica y cómo los dispositivos se conectan y desconectan de un enrutador. En un contexto real, la seguridad inalámbrica implicaría configuraciones adicionales, como la encriptación de la red, la configuración de autenticación, la gestión de direcciones MAC, etc.

Control de Acceso
Restringir el acceso a la red Wi-Fi solo a usuarios autorizados mediante contraseñas fuertes y otras medidas de autenticación.

Seguridad en el Enrutador
Contraseñas y Actualizaciones
Cambiar las contraseñas predeterminadas y mantener el firmware del enrutador actualizado son prácticas cruciales para evitar vulnerabilidades.

Configuraciones Seguras
Desactivar servicios y características no utilizados y utilizar cortafuegos internos del enrutador ayudan a fortificar la seguridad.

Seguridad en la Nube

Acceso y Control de Datos

Utilizar autenticación de múltiples factores y establecer políticas de acceso basadas en roles asegura que solo los usuarios autorizados puedan acceder a los recursos en la nube.

Encriptación de Datos

La encriptación de datos en reposo y en tránsito en entornos de nube proporciona una capa adicional de seguridad.

La encriptación de datos es un proceso que convierte la información en un formato ilegible (cifrado) para que solo las partes autorizadas puedan acceder y comprender el contenido original. Para lograr esto, se utiliza un algoritmo matemático y una clave. A continuación, se explica detalladamente cómo funciona la encriptación de datos:

1. Conceptos Básicos:

Texto Plano: Es el contenido original que se desea proteger.

Cifrado: Es el proceso de convertir el texto plano en texto cifrado.

Clave: Es un valor utilizado por el algoritmo de encriptación para realizar el cifrado y, posteriormente, la desencriptación.

2. Algoritmo de Encriptación:

Se utiliza un algoritmo matemático que transforma el texto plano en un formato cifrado. Los algoritmos pueden ser simétricos (la misma clave se utiliza para encriptar y desencriptar) o asimétricos (se utilizan claves públicas y privadas).

3. Clave de Encriptación:

La clave es un valor único que el algoritmo utiliza para realizar la encriptación. Es esencial para mantener la seguridad de los datos. En sistemas simétricos, la misma clave se utiliza para encriptar y desencriptar. En sistemas asimétricos, se utilizan claves públicas para encriptar y claves privadas para desencriptar.

4. Proceso de Encriptación:

Cuando se encripta un mensaje, se aplica el algoritmo de encriptación junto con la clave para convertir el texto plano en texto cifrado. El resultado es una serie de caracteres aparentemente aleatorios.

5. Texto Cifrado:
El texto cifrado es ilegible y no proporciona ninguna información útil sin la clave de desencriptación correspondiente.

6. Transmisión o Almacenamiento:
El texto cifrado se puede transmitir o almacenar de manera segura, ya que no se puede comprender sin la clave de desencriptación.

7. Desencriptación:
Para recuperar el texto plano original, se utiliza la clave de desencriptación junto con el algoritmo de desencriptación correspondiente. En sistemas simétricos, es la misma clave que se utilizó para encriptar. En sistemas asimétricos, se utiliza la clave privada.

8. Acceso Autorizado:
Solo las partes que tienen acceso a la clave de desencriptación correspondiente pueden desencriptar y acceder al contenido original.

9. Fortaleza de la Encriptación:
La fortaleza de la encriptación depende del algoritmo y la longitud de la clave. Cuanto más complejo y largo sea el algoritmo y la clave, más difícil será desencriptar el mensaje sin autorización.

10. Ataques de Fuerza Bruta:
Los atacantes pueden intentar adivinar la clave probando todas las combinaciones posibles. La fortaleza de la clave y del algoritmo determina la resistencia contra este tipo de ataques.

11. Uso en la Actualidad:
La encriptación se utiliza ampliamente en la seguridad de la información, protección de la privacidad, transacciones en línea, comunicaciones seguras y almacenamiento de datos confidenciales.

12. Cifrado de Dispositivos y Comunicaciones:
Se aplica a niveles de dispositivos individuales (como discos duros) y a niveles de comunicaciones (como conexiones seguras a sitios web a través de HTTPS).

13. Cumplimiento Legal y Regulaciones:
En muchos países, ciertos tipos de datos deben ser encriptados por ley, especialmente en industrias que manejan información sensible como la salud o las finanzas.

En Python, puedes utilizar la biblioteca cryptography para realizar operaciones de encriptación. A continuación, te mostraré un ejemplo básico de cómo encriptar y desencriptar un mensaje utilizando el algoritmo de encriptación simétrica AES (Advanced Encryption Standard):

```python
from cryptography.fernet import Fernet

# Generar una clave aleatoria
clave = Fernet.generate_key()

# Crear un objeto Fernet con la clave generada
cipher_suite = Fernet(clave)

# Mensaje que queremos encriptar
mensaje = b"Hola, este es un mensaje secreto."

# Encriptar el mensaje
mensaje_encriptado = cipher_suite.encrypt(mensaje)

print("Mensaje Encriptado:", mensaje_encriptado)

# Desencriptar el mensaje
mensaje_desencriptado = cipher_suite.decrypt(mensaje_encriptado)

print("Mensaje Desencriptado:", mensaje_desencriptado.decode())
```

14. Criptografía Cuántica (Futuro):
La criptografía cuántica es un campo en desarrollo que utiliza principios de la mecánica cuántica para proporcionar un nivel de seguridad aún mayor.

La criptografía cuántica es una rama de la criptografía que se basa en principios de la mecánica cuántica para proporcionar un nivel de seguridad extremadamente alto. A diferencia de la criptografía clásica, que se basa en algoritmos matemáticos, la criptografía cuántica utiliza fenómenos cuánticos para asegurar la comunicación y proteger la información. A continuación, se explica detalladamente cómo funciona la criptografía cuántica:

```python
from qiskit import Aer, QuantumCircuit, transpile, assemble
from qiskit.visualization import plot_histogram
from numpy.random import randint

# Función para preparar la clave y las bases
def preparar_clave_y_bases(n):
    clave = randint(2, size=n)  # Genera una secuencia aleatoria de bits (la
    bases = randint(2, size=n)  # Genera las bases aleatoriamente (0 para Z,
    return clave, bases

# Función para crear el circuito cuántico
def crear_circuito(clave, bases):
    circuito = QuantumCircuit(len(clave), len(clave))
    for i, base in enumerate(bases):
        if base == 0:  # Si la base es Z, prepara el qubit en el estado |0)
            if clave[i] == 0:
                pass  # |0)
            else:
                circuito.x(i)  # |1)
        else:  # Si la base es X, prepara el qubit en el estado |+) o |-)
            if clave[i] == 0:
                circuito.h(i)  # |+)
            else:
                circuito.x(i)
                circuito.h(i)  # |-)
    return circuito

# Función para medir los qubits
def medir_qubits(circuito, bases):
    for i, base in enumerate(bases):
        if base == 0:  # Si la base es Z, mide en la base Z
```

```python
        else:  # Si la base es X, mide en la base X
            circuito.h(i)
            circuito.measure(i, i)
    return circuito

# Simulación del protocolo BB84
n = 20  # Número de qubits (longitud de la clave)
clave, bases_alice = preparar_clave_y_bases(n)
circuito_alice = crear_circuito(clave, bases_alice)

bases_bob = randint(2, size=n)  # Bob elige sus bases aleatoriamente
circuito_bob = medir_qubits(crear_circuito(clave, bases_bob), bases_bob)

# Ejecución de la simulación
simulador = Aer.get_backend('qasm_simulator')
t_circuito_alice = transpile(circuito_alice, simulador)
t_circuito_bob = transpile(circuito_bob, simulador)
qobj_alice = assemble(t_circuito_alice, shots=1)
qobj_bob = assemble(t_circuito_bob, shots=1)
resultado_alice = simulador.run(qobj_alice).result()
resultado_bob = simulador.run(qobj_bob).result()

# Obtención de los resultados
bits_alice = resultado_alice.get_counts(circuito_alice)
bits_bob = resultado_bob.get_counts(circuito_bob)

print("Bits de Alice:", bits_alice)
print("Bits de Bob:", bits_bob)

# Comparación de las bases y extracción de la clave
clave_final_alice = [clave[i] for i, base in enumerate(bases_alice) if bases
clave_final_bob = [bits_bob[i] for i, base in enumerate(bases_alice) if base
```

Este ejemplo simula el proceso de QKD donde Alice prepara qubits y elige bases al azar, mientras que Bob también elige bases al azar para medir los qubits. Después de la medición, Alice y Bob compararían públicamente sus bases y descartarían los qubits en los que eligieron bases diferentes. Los bits restantes serían la clave segura.

1. Principio de Incertidumbre:

La mecánica cuántica postula que ciertas propiedades de partículas subatómicas, como la posición y el momento, no pueden ser conocidas simultáneamente con precisión. Este principio es fundamental para la criptografía cuántica.

Naturaleza Dual de las Partículas:
En la mecánica cuántica, las partículas, como electrones y fotones, exhiben tanto propiedades de partícula (como masa y carga) como propiedades de onda (como frecuencia y longitud de onda).

Operadores de Observación:
En mecánica cuántica, las propiedades de una partícula se describen mediante operadores que representan observables como la posición, el momento, la energía, etc.

Principio de Superposición:
Una característica fundamental es que una partícula cuántica puede estar en una superposición de múltiples estados simultáneamente. Por ejemplo, un electrón puede tener una superposición de diferentes posiciones.

Operador de Posición y Momento:
Los operadores de posición (x) y momento (p) son fundamentales. Aplicar el operador de posición a una función de onda da información sobre la distribución de probabilidad de encontrar la partícula en una cierta posición. Similarmente, aplicar el operador de momento da información sobre la distribución de probabilidad de los valores de momento de la partícula.

Desigualdad de Heisenberg:
El Principio de Incertidumbre de Heisenberg establece que no se pueden conocer simultáneamente con precisión arbitraria tanto la posición
$\hbar$ es la constante reducida de Planck.

Interpretación Física:
Esto significa que si medimos con alta precisión la posición de una partícula, la incertidumbre en el momento aumentará y viceversa. Esto no es una limitación técnica sino una propiedad fundamental del universo cuántico.

Consecuencias Prácticas:

El Principio de Incertidumbre tiene implicaciones profundas en la comprensión de fenómenos cuánticos, como el comportamiento de electrones en átomos y la formación de estructuras moleculares.

```python
import numpy as np

# Función para calcular la incertidumbre en posición y momento
def incertidumbre_heisenberg(delta_x, delta_p):
    h_barra = 1.0546e-34 # Constante reducida de Planck en J*s
    return h_barra / 2 / (delta_x * delta_p)

# Ejemplo de cálculo de la incertidumbre
delta_x = 1e-9 # Incertidumbre en posición en metros (1 nanómetro)
delta_p = 1e-27 # Incertidumbre en momento en kg*m/s (muy pequeño)
incertidumbre = incertidumbre_heisenberg(delta_x, delta_p)

print(f"Incertidumbre de Heisenberg: {incertidumbre:.2e} J*s")
```

Aplicaciones en la Tecnología Cuántica:
En el desarrollo de tecnología cuántica, como la computación cuántica, es crucial entender y trabajar dentro de las restricciones impuestas por el Principio de Incertidumbre.

Filosofía de la Naturaleza Cuántica:
El Principio de Incertidumbre desafía nuestra intuición clásica sobre el mundo y nos lleva a cuestionar la naturaleza de la realidad en el nivel cuántico.

2. Superposición y Entrelazamiento:
Las partículas cuánticas pueden estar en múltiples estados (superposición) y pueden estar correlacionadas de manera no local (entrelazamiento). Esto significa que el estado de una partícula puede depender instantáneamente del estado de otra, incluso si están separadas por grandes distancias.

3. Qubits:
En lugar de los bits clásicos (que pueden tener el valor de 0 o 1), en la criptografía cuántica se utilizan qubits. Un qubit puede estar en una superposición de los estados 0 y 1, lo que permite una mayor capacidad de representación de información.

4. Protocolo BB84 (Bennett-Brassard 1984):
Este es uno de los protocolos cuánticos más conocidos para el intercambio de claves seguras. Se basa en la superposición y medición de qubits y proporciona una forma segura de compartir claves criptográficas entre dos partes sin riesgo de interceptación.

El Protocolo BB84, propuesto por Charles H. Bennett y Gilles Brassard en 1984, es un protocolo cuántico para la distribución segura de claves criptográficas entre dos partes, comúnmente referidas como Alice y Bob. Funciona aprovechando las propiedades de la mecánica cuántica, específicamente la superposición y el entrelazamiento de estados cuánticos. A continuación, se explica detalladamente cómo funciona el Protocolo BB84:

Preparación de Qubits:
Alice elige una secuencia aleatoria de bits que actuarán como la clave. Por cada bit, elige al azar una de las dos bases ortogonales (por ejemplo, la base Z o la base X) para preparar un qubit en ese estado. Por ejemplo, si Alice quiere enviar el bit 0, puede elegir entre preparar el qubit en el estado $|0\rangle$ o en el estado $|+\rangle$ (superposición de $|0\rangle$ y $|1\rangle$).

Envío de Qubits:
Alice envía los qubits preparados a Bob a través de un canal de comunicación. Bob no sabe qué base utilizó Alice para preparar cada qubit.

Medición de Qubits:
Cuando Bob recibe los qubits, elige al azar una de las dos bases ortogonales para medir cada qubit. Por ejemplo, puede elegir medir en la base Z o en la base X. Es importante destacar que, si Bob elige la misma base que Alice utilizó para preparar el qubit, la medición será compatible y Bob obtendrá el resultado correcto.

Anuncio de Bases Utilizadas:
Después de que Bob ha medido todos los qubits, Alice y Bob se comunican de manera pública para anunciar las bases que utilizaron. No comparten los resultados de las mediciones, solo las bases.

Comparación de Bases:
Alice y Bob comparan las bases que utilizaron para cada qubit. Si coinciden las bases, significa que la medición fue compatible y el resultado obtenido por Bob será correcto. Si no coinciden, el resultado no será utilizado.

Eliminación de Bits Incorrectos:
Alice y Bob eliminan los bits que se obtuvieron con bases incompatibles. Esto asegura que solo se utilice un conjunto de bits coincidentes como la clave compartida.

Error de Bits:
Si un espía (Eva) intenta interceptar los qubits, la mecánica cuántica asegura que cualquier intento de medir o copiar los qubits introducirá errores detectables. Por lo tanto, si Alice y Bob encuentran un porcentaje de bits erróneos, saben que ha habido una interferencia y la clave no se utiliza.

Amplificación de la Privacidad (Opcional):
Si Alice y Bob encuentran un porcentaje bajo de bits erróneos, pueden aplicar técnicas de corrección de errores para mejorar la privacidad de la clave.

Uso de la Clave:
La clave generada de esta manera puede utilizarse para encriptar y desencriptar mensajes de manera segura.

Seguridad del Protocolo:
La seguridad del Protocolo BB84 está basada en los principios de la mecánica cuántica y garantiza que cualquier intento de interferencia será detectado.

El Protocolo BB84 es uno de los protocolos cuánticos más fundamentales y ha sentado las bases para numerosos avances en criptografía cuántica. Proporciona un método seguro y confiable para la distribución de claves criptográficas en un entorno donde incluso la presencia de un espía puede ser detectada.

El Protocolo BB84 es un protocolo cuántico que implica la generación y medición de qubits para la distribución segura de claves criptográficas. En Python, podemos simular este protocolo utilizando la biblioteca qiskit, que proporciona herramientas para trabajar con computación cuántica. A continuación, se muestra un ejemplo básico de cómo implementar el Protocolo BB84:

```python
from qiskit import Aer, QuantumCircuit, transpile, assemble
from qiskit.visualization import plot_histogram
from numpy.random import randint

# Función para preparar la clave y las bases
def preparar_clave_y_bases(n):
    clave = randint(2, size=n)  # Genera una secuencia aleatoria de bits (la
    bases = randint(2, size=n)  # Genera las bases aleatoriamente (0 para Z,
    return clave, bases

# Función para crear el circuito cuántico
def crear_circuito(clave, bases):
    circuito = QuantumCircuit(len(clave), len(clave))
    for i, base in enumerate(bases):
        if base == 0:  # Si la base es Z, prepara el qubit en el estado |0)
            if clave[i] == 0:
                pass  # |0)
            else:
                circuito.x(i)  # |1)
        else:  # Si la base es X, prepara el qubit en el estado |+) o |-)
            if clave[i] == 0:
                circuito.h(i)  # |+)
            else:
                circuito.x(i)
                circuito.h(i)  # |-)
    return circuito

# Función para medir los qubits
def medir_qubits(circuito, bases):
    for i, base in enumerate(bases):
        if base == 0:  # Si la base es Z, mide en la base Z
            circuito.measure(i, i)
        else:  # Si la base es X, mide en la base X
```

```python
# Función para medir los qubits
def medir_qubits(circuito, bases):
    for i, base in enumerate(bases):
        if base == 0:  # Si la base es Z, mide en la base Z
            circuito.measure(i, i)
        else:  # Si la base es X, mide en la base X
            circuito.h(i)
            circuito.measure(i, i)
    return circuito

# Simulación del protocolo BB84
n = 20  # Número de qubits (longitud de la clave)
clave, bases_alice = preparar_clave_y_bases(n)
circuito_alice = crear_circuito(clave, bases_alice)

bases_bob = randint(2, size=n)  # Bob elige sus bases aleatoriamente
circuito_bob = medir_qubits(crear_circuito(clave, bases_bob), bases_bob)

# Ejecución de la simulación
simulador = Aer.get_backend('qasm_simulator')
t_circuito_alice = transpile(circuito_alice, simulador)
t_circuito_bob = transpile(circuito_bob, simulador)
qobj_alice = assemble(t_circuito_alice, shots=1)
qobj_bob = assemble(t_circuito_bob, shots=1)
resultado_alice = simulador.run(qobj_alice).result()
resultado_bob = simulador.run(qobj_bob).result()

# Obtención de los resultados
bits_alice = resultado_alice.get_counts(circuito_alice)
bits_bob = resultado_bob.get_counts(circuito_bob)

print("Bits de Alice:", bits_alice)
print("Bits de Bob:", bits_bob)
```

5. Distribución Cuántica de Claves (QKD):
En QKD, dos partes (Alice y Bob) utilizan fotones entrelazados para generar una clave de manera segura. Cualquier intento de interceptar los fotones alteraría su estado, lo que se detectaría.

6. Intrusión Detectable:

Debido al principio de incertidumbre, cualquier intento de medir o interceptar un qubit introduce errores detectables en la comunicación. Esto permite a las partes detectar intrusiones en la comunicación.

7. Teorema de No Clonación:
Este teorema establece que es imposible crear copias exactas de un estado cuántico desconocido. Esto significa que la información cuántica no puede ser replicada sin perturbar el estado original.

8. Algoritmos Cuánticos:
La criptografía cuántica también tiene implicaciones para la seguridad frente a algoritmos cuánticos como el algoritmo de Shor, que puede factorizar números grandes de manera eficiente y amenaza a los sistemas criptográficos clásicos.

9. Seguridad Futura:
La criptografía cuántica se considera un área prometedora para asegurar la comunicación en el futuro, especialmente con la perspectiva de la computación cuántica, que podría romper los algoritmos criptográficos clásicos.

10. Desafíos Actuales:
A pesar de sus promesas, la criptografía cuántica todavía enfrenta desafíos tecnológicos y de implementación para su adopción generalizada.

La criptografía cuántica aprovecha los principios de la mecánica cuántica para proporcionar una seguridad extrema en las comunicaciones y la protección de la información. Ofrece la promesa de un nivel de seguridad que no puede ser alcanzado por métodos criptográficos clásicos y tiene el potencial de transformar la seguridad en el mundo digital.

Desafíos Emergentes en Seguridad de Redes
IoT y Dispositivos Conectados
La proliferación de dispositivos IoT presenta desafíos únicos en términos de seguridad de red, ya que muchos de estos dispositivos tienen limitaciones en cuanto a capacidad de seguridad.

Amenazas Persistentes Avanzadas (APT)
Las APT son ataques altamente sofisticados y dirigidos, a menudo respaldados por gobiernos o grupos organizados, que buscan acceder y

mantenerse en sistemas durante largos periodos de tiempo sin ser detectados.

Estudio de Caso: Mejora de la Seguridad de Redes en la Empresa "NetSecure"

Introducción

Como consultor externo especializado en redes y seguridad, fui contratado por la empresa "NetSecure" para mejorar la seguridad de su infraestructura de red. El proyecto surgió en respuesta a una serie de incidentes de seguridad y la necesidad de proteger los activos digitales críticos.

Fase 1: Evaluación Inicial
Comencé con una revisión exhaustiva de la arquitectura de red actual de "NetSecure". Identifiqué posibles puntos de vulnerabilidad, áreas de tráfico crítico y dispositivos clave en la infraestructura.

Fase 2: Análisis de Riesgos y Vulnerabilidades

Con el equipo de TI de "NetSecure", realizamos una evaluación de riesgos detallada. Identificamos amenazas potenciales, como tráfico malicioso, ataques de fuerza bruta y posibles vulnerabilidades en la configuración de los firewalls.

Fase 3: Diseño de la Mejora de Seguridad

Basándonos en los hallazgos de la evaluación de riesgos, desarrollamos un plan de mejora de seguridad de red. Esto incluyó la implementación de medidas de control de acceso, la actualización de los firewalls y la configuración de alertas de seguridad.

Fase 4: Implementación de Medidas de Seguridad

Comenzamos con la implementación de las medidas de seguridad planificadas. Esto implicó la actualización de los firewalls para incluir reglas más estrictas, la implementación de listas de control de acceso y la configuración de sistemas de detección de intrusiones.

Fase 5: Formación del Personal

Realizamos una sesión de formación para el personal de TI de "NetSecure" sobre las nuevas medidas de seguridad implementadas. Les proporcionamos pautas sobre cómo interpretar las alertas de seguridad y cómo responder a incidentes potenciales.

Fase 6: Monitoreo Continuo y Detección de Amenazas

Implementamos un sistema de monitoreo de seguridad que supervisa continuamente la red en busca de actividad sospechosa. Configuramos alertas para notificar al equipo de seguridad de cualquier anomalía que pudiera indicar un posible ataque.

Fase 7: Respuesta y Mitigación de Incidentes
Un mes después de la implementación, recibimos una alerta de un aumento inusual en el tráfico hacia uno de los servidores críticos. Actuamos de inmediato, aislando el servidor afectado y analizando el tráfico para identificar la fuente del ataque.

Fase 8: Evaluación Post-Incidente y Mejoras Adicionales

Después de mitigar el incidente, realizamos una revisión post-incidente para identificar cualquier área de mejora adicional. Esto incluyó ajustes finos en las reglas del firewall y la implementación de filtrado de tráfico más granular.

La mejora de la seguridad de redes en "NetSecure" resultó en una infraestructura más robusta y resistente a los ataques. El enfoque proactivo y la respuesta rápida a incidentes demostraron ser cruciales en la protección de los activos digitales de la empresa.

A medida que avanzamos, recomendamos una revisión periódica de las medidas de seguridad y la implementación de tecnologías de detección más avanzadas para mantener la infraestructura protegida en un entorno de amenazas en constante evolución.

La seguridad de red es una piedra angular en la protección de la información en un entorno digital interconectado. Al comprender las técnicas y tecnologías para asegurar redes locales y en Internet, así como la gestión segura de dispositivos y servicios en la nube, estamos mejor equipados para enfrentar las amenazas en constante evolución en el ciberespacio. En los capítulos siguientes, exploraremos cómo asegurar sistemas operativos y aplicaciones en entornos cibernéticos.

Capítulo 6: Seguridad en Sistemas Operativos.

En este capítulo, nos adentraremos en las prácticas esenciales para asegurar la integridad y la funcionalidad de los sistemas operativos, componentes vitales en cualquier entorno digital.

Configuraciones Seguras
Actualizaciones y Parches
Mantener el sistema operativo actualizado con los últimos parches de seguridad es crucial para mitigar vulnerabilidades conocidas.

Deshabilitar Servicios Innecesarios
Reducir la superficie de ataque al desactivar servicios y características no utilizados disminuye el potencial de explotación.

Políticas de Contraseñas Fuertes
Establecer políticas de contraseñas robustas y requerir cambios periódicos es fundamental para prevenir accesos no autorizados.

Protección contra Malware y Software Malicioso
Antivirus y Antimalware
Utilizar software de seguridad actualizado y confiable es esencial para detectar y eliminar amenazas.

Firewalls Personales
Un firewall personal protege el sistema contra conexiones no autorizadas y ayuda a bloquear tráfico malicioso.

Control de Ejecución de Aplicaciones
Utilizar herramientas que permitan controlar qué aplicaciones pueden ejecutarse ayuda a prevenir la instalación y ejecución de software malicioso.

Gestión de Usuarios y Permisos
Política de Menor Privilegio
Conceder a los usuarios solo los privilegios necesarios para realizar sus funciones reduce el impacto de posibles ataques.

Auditoría de Acceso

Mantener registros de quién accede y modifica los recursos del sistema es crucial para la detección y respuesta ante incidentes.

Seguridad Física y Acceso Físico
Acceso Restringido
Limitar el acceso físico a los sistemas y servidores es esencial para prevenir manipulaciones no autorizadas.

Protección de Dispositivos de Almacenamiento
Cifrar discos duros y dispositivos de almacenamiento externo protege la información en caso de pérdida o robo.

Respuesta ante Incidentes y Recuperación
Plan de Respuesta ante Incidentes
Tener un plan detallado para abordar incidentes de seguridad garantiza una respuesta rápida y eficaz.

Copias de Seguridad y Recuperación
Realizar copias de seguridad periódicas y probar la capacidad de recuperación asegura la continuidad del negocio en caso de un evento adverso.

Seguridad en Entornos Virtuales
Virtualización Segura
Aplicar medidas de seguridad específicas para entornos virtualizados es esencial para proteger las máquinas virtuales y los hipervisores.

Estudio de Caso: Mejora de la Seguridad en Sistemas Operativos en la Empresa "SecureSys"

Como consultor externo especializado en seguridad en sistemas operativos, fui contratado por la empresa "SecureSys" para fortalecer la seguridad en sus sistemas. La iniciativa surgió a raíz de la preocupación por posibles vulnerabilidades y la necesidad de proteger la integridad y confidencialidad de los datos críticos.

Fase 1: Evaluación Inicial

Inicié el proyecto realizando una revisión exhaustiva de los sistemas operativos utilizados en "SecureSys". Identifiqué la diversidad de plataformas y versiones que la empresa empleaba, lo que presentaba un desafío en términos de estandarización y actualización de seguridad.

Fase 2: Análisis de Vulnerabilidades y Parcheo

En colaboración con el equipo de TI de "SecureSys", llevamos a cabo un análisis detallado de las vulnerabilidades conocidas en los sistemas operativos. Identificamos la necesidad crítica de aplicar parches y actualizaciones de seguridad para cerrar brechas potenciales.

Fase 3: Implementación de Parches y Actualizaciones

Comenzamos la implementación de parches y actualizaciones de seguridad en etapas, comenzando por los sistemas más críticos y luego extendiéndolo a toda la infraestructura. Esto incluyó la programación de ventanas de mantenimiento para minimizar la interrupción del servicio.

Fase 4: Configuración de Políticas de Seguridad

Trabajé en estrecha colaboración con el equipo de seguridad de "SecureSys" para establecer políticas de seguridad sólidas en los sistemas operativos. Esto incluyó la configuración de cortafuegos, la restricción de privilegios y la habilitación de funciones de registro detallado.

Fase 5: Formación del Personal y Concientización

Realizamos sesiones de formación para el personal de TI sobre las nuevas políticas de seguridad implementadas. Fue fundamental educar al equipo sobre las mejores prácticas en seguridad de sistemas operativos y cómo mantenerlos actualizados y protegidos.

Fase 6: Monitorización Activa y Detección de Anomalías

Implementamos un sistema de monitorización de seguridad que supervisa constantemente la actividad en los sistemas operativos. Configuramos alertas para notificar al equipo de seguridad sobre cualquier actividad inusual que pudiera indicar una posible violación de seguridad.

Fase 7: Respuesta y Mitigación de Incidentes

A pesar de las medidas preventivas implementadas, detectamos un intento de acceso no autorizado a uno de los servidores críticos. Actuamos de inmediato para aislar el servidor afectado, analizar la intrusión y determinar la naturaleza del incidente.

Fase 8: Evaluación Post-Incidente y Mejoras Continuas

Después de mitigar el incidente, realizamos una revisión post-incidente para identificar áreas de mejora adicional. Esto incluyó la revisión de políticas de seguridad y la consideración de soluciones de seguridad adicionales, como la implementación de sistemas de detección de intrusiones.

La mejora de la seguridad en sistemas operativos en "SecureSys" resultó en una infraestructura más robusta y resistente a las amenazas. El enfoque proactivo y la respuesta rápida a incidentes demostraron ser cruciales en la protección de los activos digitales de la empresa.

Recomendamos una revisión y actualización periódica de las políticas de seguridad, así como la implementación de tecnologías de detección más avanzadas para mantener la infraestructura protegida en un entorno de amenazas en constante evolución.

Este capítulo destaca la importancia de asegurar los sistemas operativos como una medida fundamental en la ciberseguridad. Al implementar prácticas como configuraciones seguras, protección contra malware y una gestión adecuada de usuarios y permisos, estamos mejor preparados para mitigar riesgos y garantizar la integridad de nuestros sistemas. En los siguientes capítulos, exploraremos la seguridad en aplicaciones y entornos web.

Capítulo 7: Gestión de Identidad y Acceso.

En este capítulo, profundizaremos en las estrategias y técnicas esenciales para garantizar que solo las personas autorizadas tengan acceso a los recursos y la información que necesitan.

Políticas de Contraseñas y Autenticación
Contraseñas Fuertes
Establecer políticas para contraseñas robustas, que incluyan combinaciones de letras, números y caracteres especiales, es fundamental para prevenir accesos no autorizados.

Autenticación Multifactor (MFA)
La autenticación multifactor agrega una capa adicional de seguridad al requerir más de un método de verificación (como una contraseña y un código enviado al teléfono) para acceder a cuentas o sistemas.

Control de Acceso y Privilegios
Principio de Menor Privilegio
Conceder a los usuarios solo los privilegios mínimos necesarios para llevar a cabo sus funciones limita el potencial de daño en caso de compromiso de sus cuentas.

Control de Acceso Basado en Roles (RBAC)
Asignar permisos según el rol del usuario facilita la administración y garantiza que cada usuario tenga solo los accesos necesarios para su función.

Gestión de Identidades
Sistemas de Gestión de Identidades (IAM)
Implementar soluciones de IAM centraliza y simplifica la administración de cuentas y permisos, facilitando el seguimiento y control de acceso.

Monitoreo de Actividades de Usuario
Supervisar las actividades de los usuarios, como inicios de sesión y cambios de permisos, permite detectar comportamientos anómalos o posibles violaciones de seguridad.

Federación de Identidad
SSO (Inicio de Sesión Único)

SSO permite a los usuarios acceder a múltiples aplicaciones y sistemas con un solo conjunto de credenciales, simplificando la experiencia de usuario y mejorando la seguridad.

Cumplimiento y Auditoría
Auditorías de Acceso
Realizar auditorías periódicas de accesos y permisos asegura que se cumplan las políticas de seguridad y que no haya accesos no autorizados.

Cumplimiento Normativo
Garantizar que las prácticas de gestión de identidad y acceso cumplan con regulaciones y estándares de seguridad es esencial para evitar sanciones y multas.

Estudio de Caso: Mejora de la Gestión de Identidad y Acceso en la Empresa "SecureID"

Como consultor externo especializado en Gestión de Identidad y Acceso, fui contratado por la empresa "SecureID" para fortalecer sus prácticas de autenticación y control de acceso. La iniciativa surgió a raíz de incidentes de seguridad previos y la necesidad de garantizar que solo personal autorizado tenga acceso a los recursos críticos de la empresa.

Fase 1: Evaluación Inicial

Comencé el proyecto realizando una revisión exhaustiva de los procesos y sistemas de autenticación existentes en "SecureID". Identifiqué áreas de debilidad en la autenticación de usuarios y en la gestión de privilegios.

Fase 2: Análisis de Riesgos y Vulnerabilidades

Trabajé en colaboración con el equipo de TI de "SecureID" para llevar a cabo una evaluación de riesgos detallada. Identificamos posibles amenazas, como accesos no autorizados y la posibilidad de contraseñas débiles o comprometidas.

Fase 3: Diseño de la Solución de Gestión de Identidad y Acceso

Basándonos en los hallazgos del análisis de riesgos, desarrollamos un plan de mejora de Gestión de Identidad y Acceso. Esto incluyó la implementación de autenticación multifactorial, políticas de contraseñas robustas y la revisión de los privilegios de acceso.

Fase 4: Implementación de la Solución

Comenzamos la implementación de la solución en etapas, comenzando por la actualización de las políticas de contraseñas y la habilitación de autenticación multifactorial para los sistemas más críticos. También revisamos y actualizamos los permisos de acceso de los usuarios.

Fase 5: Formación del Personal

Realizamos sesiones de formación para el personal de TI y los usuarios finales de "SecureID" sobre las nuevas prácticas de autenticación y acceso. Les proporcionamos pautas sobre cómo utilizar las nuevas medidas de seguridad de manera efectiva.

Fase 6: Monitorización Continua y Detección de Anomalías

Implementamos un sistema de monitorización que supervisa continuamente la actividad de autenticación y acceso. Configuramos alertas para notificar al equipo de seguridad sobre cualquier actividad inusual que pudiera indicar una posible violación de seguridad.

Fase 7: Respuesta y Mitigación de Incidentes

A pesar de las medidas preventivas implementadas, detectamos un intento de acceso no autorizado a una cuenta de administrador. Actuamos de inmediato para bloquear el intento y restablecer las credenciales de la cuenta afectada.

Fase 8: Evaluación Post-Incidente y Mejoras Continuas

Después de mitigar el incidente, realizamos una revisión post-incidente para identificar áreas de mejora adicional. Esto incluyó la revisión de políticas de acceso y la consideración de soluciones de gestión de identidad más avanzadas.

Conclusiones y Adelante

La mejora de la Gestión de Identidad y Acceso en "SecureID" resultó en una infraestructura más segura y resistente a las amenazas. El enfoque proactivo y la respuesta rápida a incidentes demostraron ser cruciales en la protección de los activos digitales de la empresa.

Recomendamos una revisión y actualización periódica de las políticas de identidad y acceso, así como la implementación de tecnologías de gestión de identidad más avanzadas para mantener la infraestructura protegida en un entorno de amenazas en constante evolución.

La gestión de identidad y acceso es un componente crítico en cualquier estrategia de seguridad cibernética. Al implementar políticas de contraseñas seguras, controles de acceso basados en roles y sistemas de gestión de identidades, estamos mejor preparados para proteger nuestros recursos y datos contra accesos no autorizados. En los siguientes capítulos, exploraremos la seguridad en aplicaciones y entornos web.

Capítulo 8: Seguridad en Aplicaciones y Desarrollo de Software.

En este capítulo, nos sumergiremos en las prácticas esenciales para asegurar que las aplicaciones y el software que utilizamos estén libres de vulnerabilidades y protegidos contra posibles amenazas.

Desarrollo Seguro
Ciclo de Vida del Desarrollo Seguro (SDLC)
Integrar la seguridad en todas las etapas del ciclo de vida del desarrollo de software garantiza que las vulnerabilidades se identifiquen y aborden desde el principio.

Pruebas de Seguridad de Aplicaciones
Realizar pruebas de seguridad, como pruebas de penetración y análisis estático de código, ayuda a identificar y corregir vulnerabilidades antes de que la aplicación entre en producción.

Manejo de Vulnerabilidades
Gestión de Parches
Mantener actualizado el software con los últimos parches de seguridad es crucial para mitigar vulnerabilidades conocidas.

Escaneo y Análisis de Vulnerabilidades
Utilizar herramientas de escaneo de vulnerabilidades ayuda a identificar posibles puntos de entrada para ataques.

Protección contra Inyección de Código
Prevención de SQL Injection
Utilizar consultas parametrizadas y procedimientos almacenados ayuda a prevenir inyecciones de código SQL malicioso.

Mitigación de Cross-Site Scripting (XSS)
Validar y escapar correctamente los datos de entrada en aplicaciones web ayuda a prevenir ataques XSS.

Autenticación y Autorización
Seguridad en Contraseñas

Almacenar contraseñas de forma segura (mediante técnicas como el hashing y la sal) y utilizar algoritmos de hash robustos es esencial para proteger las credenciales de los usuarios.

Control de Sesiones y Tokens de Autorización
Garantizar que las sesiones de usuario estén protegidas y que los tokens de autorización sean manejados de manera segura previene ataques de suplantación de identidad.

Seguridad en APIs
Autenticación y Autorización de API
Asegurarse de que las APIs requieran autenticación adecuada y solo otorguen acceso a recursos autorizados es esencial para proteger la información.

Desarrollo Responsable y Ético
Privacidad y Protección de Datos
Cumplir con regulaciones de privacidad y protección de datos, como el RGPD, garantiza el tratamiento adecuado de la información personal.

Ética en la Recopilación y Uso de Datos
Asegurarse de que la recopilación y el uso de datos se realice de manera ética y transparente es esencial para ganar la confianza de los usuarios.

Estudio de Caso: Mejora de la Seguridad en Aplicaciones y Desarrollo de Software en la Empresa "SecureApp"

Introducción

Como consultor externo especializado en seguridad en aplicaciones y desarrollo de software, fui contratado por la empresa "SecureApp" para fortalecer sus prácticas de seguridad en el ciclo de vida del desarrollo de software. La iniciativa surgió a raíz de preocupaciones por posibles vulnerabilidades en las aplicaciones y la necesidad de garantizar la protección de los datos confidenciales de los usuarios.

Fase 1: Evaluación Inicial y Análisis de la Aplicación

Comencé el proyecto realizando una revisión exhaustiva de las aplicaciones existentes en "SecureApp". Identifiqué posibles áreas de vulnerabilidad, como la falta de validación de entradas y la ausencia de controles de seguridad adecuados.

Fase 2: Análisis de Riesgos y Vulnerabilidades

Trabajé en colaboración con el equipo de desarrollo de "SecureApp" para llevar a cabo una evaluación detallada de riesgos y vulnerabilidades. Identificamos amenazas potenciales, como inyección de código, fallos de autenticación y vulnerabilidades de configuración.

Fase 3: Implementación de Prácticas de Desarrollo Seguro

Basándonos en los hallazgos del análisis de riesgos, desarrollamos un plan de mejora de seguridad en el desarrollo de software. Esto incluyó la implementación de prácticas de codificación segura, como la validación de entradas y la protección contra ataques comunes.

Fase 4: Capacitación del Equipo de Desarrollo

Realizamos sesiones de formación para el equipo de desarrollo de "SecureApp" sobre las nuevas prácticas de seguridad implementadas. Les proporcionamos ejemplos concretos de código seguro y les enseñamos cómo identificar y mitigar vulnerabilidades durante el proceso de desarrollo.

Fase 5: Revisión Continua de Código y Pruebas de Seguridad

Implementamos un proceso de revisión continua de código y pruebas de seguridad en el ciclo de desarrollo. Esto incluyó la realización de pruebas de penetración y análisis estático de código para identificar posibles vulnerabilidades.

Fase 6: Monitorización de la Seguridad en Producción

Implementamos un sistema de monitorización en producción que supervisa continuamente la actividad de las aplicaciones en tiempo real. Configuramos alertas para notificar al equipo de seguridad sobre cualquier actividad inusual que pudiera indicar una posible violación de seguridad.

Fase 7: Respuesta y Mitigación de Incidentes

A pesar de las medidas preventivas implementadas, detectamos un intento de explotación de una vulnerabilidad en una de las aplicaciones de "SecureApp". Actuamos de inmediato para aislar la vulnerabilidad y aplicar un parche de seguridad.

Fase 8: Evaluación Post-Incidente y Mejoras Continuas

Después de mitigar el incidente, realizamos una revisión post-incidente para identificar áreas de mejora adicional. Esto incluyó ajustes en las prácticas de desarrollo y la consideración de herramientas de seguridad más avanzadas.

La mejora de la seguridad en aplicaciones y desarrollo de software en "SecureApp" resultó en una infraestructura más resistente a las amenazas. El enfoque proactivo y la respuesta rápida a incidentes demostraron ser cruciales en la protección de los activos digitales de la empresa.

Recomendamos una revisión y actualización periódica de las prácticas de desarrollo seguro, así como la implementación de tecnologías de análisis de código y pruebas de penetración más avanzadas para mantener la infraestructura protegida en un entorno de amenazas en constante evolución.

La seguridad en aplicaciones y desarrollo de software es esencial para garantizar que las aplicaciones que utilizamos estén libres de vulnerabilidades y protegidas contra posibles amenazas. Al implementar prácticas de desarrollo seguro y manejo de vulnerabilidades, estamos mejor preparados para proteger la integridad y seguridad de nuestras aplicaciones y sistemas. En los siguientes capítulos, exploraremos la seguridad en entornos web y la gestión de incidentes.

Capítulo 9: Seguridad en Entornos Web.

En este capítulo, nos adentraremos en las estrategias y técnicas esenciales para proteger los entornos web, que representan uno de los principales puntos de entrada para posibles ataques cibernéticos.

Protección contra Amenazas Comunes
Cross-Site Scripting (XSS)
Implementar medidas de seguridad como el escapado de caracteres y la validación de entrada ayuda a prevenir ataques de XSS.

Cross-Site Request Forgery (CSRF)
Utilizar tokens anti-CSRF y verificar referencias del origen de las solicitudes ayuda a prevenir ataques de CSRF.

Injection Attacks (SQL, NoSQL, LDAP, etc.)
Validar y escapar adecuadamente las entradas de usuario y utilizar consultas parametrizadas ayuda a prevenir ataques de inyección de código.

Gestión de Sesiones y Cookies
Uso Seguro de Cookies
Configurar cookies con flags seguras, como "Secure" y "HttpOnly", ayuda a proteger la información de sesión.

Gestión de Sesiones
Utilizar identificadores de sesión seguros y renovar las sesiones después del inicio de sesión ayuda a prevenir el secuestro de sesiones.

Protección contra Fugas de Información
Seguridad en la Transmisión (TLS/SSL)
Utilizar protocolos seguros como TLS/SSL cifra la comunicación entre el cliente y el servidor, protegiendo la información de posibles interceptaciones.

Escaneo y Pruebas de Seguridad
Realizar pruebas de seguridad y escaneos regulares ayuda a identificar y corregir posibles vulnerabilidades que podrían llevar a fugas de información.

Control de Acceso y Autorización
Autenticación Segura

Implementar medidas de autenticación robustas, como contraseñas seguras y autenticación multifactor, protege las cuentas de usuario contra accesos no autorizados.

Control de Acceso Basado en Roles (RBAC)
Asignar permisos según el rol del usuario asegura que cada usuario tenga solo los accesos necesarios para su función.

Seguridad en APIs y Servicios Web
Autenticación y Autorización de API
Asegurarse de que las APIs requieran autenticación adecuada y solo otorguen acceso a recursos autorizados es esencial para proteger la información.

Validación y Filtrado de Entradas
Validar y escapar correctamente los datos de entrada en servicios web previene ataques de inyección de código.

studio de Caso: Mejora de la Seguridad en Entornos Web en la Empresa "WebGuard"

Introducción

Como consultor externo especializado en seguridad en entornos web, fui contratado por la empresa "WebGuard" para fortalecer las medidas de seguridad en sus aplicaciones web y plataformas en línea. La iniciativa surgió a raíz de la creciente amenaza de ataques cibernéticos y la necesidad de garantizar la integridad y disponibilidad de los servicios en línea.

Fase 1: Evaluación Inicial y Análisis de la Infraestructura Web

Inicié el proyecto con una revisión exhaustiva de la infraestructura web de "WebGuard". Identifiqué áreas críticas como la gestión de sesiones, la protección contra inyecciones SQL y la configuración de cortafuegos.

Fase 2: Análisis de Riesgos y Vulnerabilidades

En colaboración con el equipo de desarrollo de "WebGuard", llevamos a cabo una evaluación detallada de riesgos y vulnerabilidades en las aplicaciones web existentes. Identificamos amenazas potenciales, como ataques de inyección y fallos en la autenticación.

Fase 3: Implementación de Medidas de Seguridad Web

Basándonos en los hallazgos del análisis de riesgos, desarrollamos un plan de mejora de seguridad web. Esto incluyó la implementación de medidas de protección como la codificación segura, la configuración de cortafuegos y la adopción de estándares de autenticación robustos.

Fase 4: Escaneo y Pruebas de Seguridad Continuas

Establecimos un proceso de escaneo y pruebas de seguridad continuas en las aplicaciones web de "WebGuard". Esto implicó la realización de pruebas de vulnerabilidad como escaneos de inyección SQL y pruebas de penetración regulares.

Fase 5: Configuración de Sistemas de Detección de Intrusiones (IDS)

Implementamos sistemas de detección de intrusiones para monitorear la red en busca de patrones de tráfico malicioso o actividades sospechosas. Configuramos alertas para notificar al equipo de seguridad sobre posibles intentos de intrusión.

Fase 6: Respuesta y Mitigación de Incidentes

A pesar de las medidas preventivas implementadas, detectamos un intento de explotación de una vulnerabilidad en una de las aplicaciones web de "WebGuard". Actuamos de inmediato para aislar la vulnerabilidad, aplicar un parche de seguridad y analizar el incidente en detalle.

Fase 7: Evaluación Post-Incidente y Mejoras Continuas

Después de mitigar el incidente, realizamos una revisión post-incidente para identificar áreas de mejora adicional. Esto incluyó ajustes en las configuraciones de seguridad y la consideración de herramientas de análisis de tráfico más avanzadas.

La mejora de la seguridad en entornos web en "WebGuard" resultó en una infraestructura web más segura y resistente a las amenazas. La combinación de medidas preventivas, monitoreo continuo y respuesta rápida a incidentes demostraron ser esenciales para proteger los activos digitales de la empresa.

Recomendamos una revisión y actualización periódica de las medidas de seguridad web, así como la implementación de tecnologías de detección de intrusos más avanzadas para mantener la infraestructura protegida en un entorno de amenazas en constante evolución.

La seguridad en entornos web es crucial, ya que representan un punto de entrada esencial para posibles amenazas cibernéticas. Al implementar prácticas de protección contra amenazas comunes, gestión de sesiones y cookies, y control de acceso y autorización, estamos mejor preparados para proteger la integridad y seguridad de nuestros entornos web. En los siguientes capítulos, exploraremos la gestión de incidentes y las mejores prácticas para mantener una postura de seguridad sólida.

Capítulo 10: Seguridad en Entornos Web.

En este capítulo, nos enfocaremos en la seguridad de los entornos web, los cuales son esenciales en el mundo digital actual y a menudo representan un objetivo para los atacantes. Exploraremos las estrategias y técnicas clave para proteger estos entornos cruciales.

Protección contra Amenazas Web Comunes
Inyección de SQL
Implementar consultas parametrizadas y validar entradas de usuario es fundamental para prevenir ataques de inyección SQL.

Cross-Site Scripting (XSS)
Escapar y validar correctamente las entradas de usuario ayuda a evitar la ejecución de scripts maliciosos en el navegador del cliente.

Cross-Site Request Forgery (CSRF)
Utilizar tokens anti-CSRF y técnicas como SameSite Cookies ayuda a prevenir ataques de CSRF.

Configuraciones Seguras de Servidores Web
Configuraciones de Encabezados HTTP
Utilizar encabezados HTTP como Content Security Policy (CSP) y Strict-Transport-Security (HSTS) fortalece la seguridad del sitio web.

Configuración de Cortafuegos de Aplicaciones Web (WAF)
Un WAF protege contra ataques web comunes al filtrar y monitorear el tráfico HTTP.

Protección de Datos y Privacidad
Cumplimiento de Regulaciones de Privacidad
Cumplir con regulaciones como el RGPD asegura el manejo adecuado de los datos personales de los usuarios.

Encriptación de Datos en Reposo y en Tránsito
Utilizar protocolos seguros como TLS/SSL y cifrado de bases de datos protege la confidencialidad de los datos.

Monitoreo y Detección de Intrusiones

Registros y Auditoría
Mantener registros detallados de actividades y eventos del servidor web es esencial para la detección de posibles intrusiones.

Sistemas de Detección de Intrusiones (IDS)
Un IDS monitorea y analiza el tráfico en busca de patrones sospechosos o comportamientos anómalos.

Respuesta ante Incidentes Web
Plan de Respuesta ante Incidentes Web
Contar con un plan detallado para responder a incidentes web garantiza una respuesta rápida y efectiva.

Restauración y Recuperación
Disponer de copias de seguridad actualizadas y probadas asegura la recuperación rápida en caso de una violación de seguridad.

Educación y Concientización
Capacitación del Personal
La formación del personal en seguridad web es esencial para fomentar una cultura de seguridad y prevenir errores comunes.

Estudio de Caso: Fortalecimiento de la Seguridad en Entornos Web en la Empresa "WebGuardian"

Introducción

Como consultor externo especializado en seguridad en entornos web, fui contratado por la empresa "WebGuardian" para mejorar la protección de sus aplicaciones y plataformas en línea. La iniciativa surgió a raíz de una serie de incidentes de seguridad y la necesidad de mantener la confidencialidad y disponibilidad de los servicios web críticos.

Fase 1: Evaluación Inicial y Análisis de Riesgos

Inicié el proyecto con una revisión detallada de la infraestructura web de "WebGuardian". Identifiqué áreas críticas como la gestión de sesiones, la protección contra inyecciones de código y la configuración de cortafuegos.

Fase 2: Análisis de Vulnerabilidades y Pruebas de Penetración

Trabajando en estrecha colaboración con el equipo de desarrollo de "WebGuardian", realizamos pruebas de vulnerabilidad exhaustivas en las aplicaciones web existentes. Detectamos amenazas potenciales como fallos de autenticación y vulnerabilidades de configuración.

Fase 3: Diseño e Implementación de Medidas de Seguridad

Basados en los hallazgos del análisis de vulnerabilidades, desarrollamos un plan de mejora de seguridad web. Esto incluyó la implementación de medidas de protección como la codificación segura, la configuración de cortafuegos y la adopción de estándares de autenticación robustos.

Fase 4: Escaneo y Monitoreo Continuo de Seguridad

Establecimos un proceso de escaneo y monitoreo continuo en las aplicaciones web de "WebGuardian". Esto implicó la realización de escaneos de vulnerabilidad regulares y la configuración de alertas para notificar al equipo de seguridad sobre posibles amenazas.

Fase 5: Configuración de Sistemas de Detección de Intrusiones (IDS)

Implementamos sistemas de detección de intrusiones para monitorear la red en busca de patrones de tráfico malicioso o actividades sospechosas. Configuramos alertas para notificar al equipo de seguridad sobre posibles intentos de intrusión.

Fase 6: Respuesta y Mitigación de Incidentes

A pesar de las medidas preventivas implementadas, detectamos un intento de explotación de una vulnerabilidad en una de las aplicaciones web de "WebGuardian". Actuamos de inmediato para aislar la vulnerabilidad, aplicar un parche de seguridad y analizar el incidente en detalle.

Fase 7: Evaluación Post-Incidente y Mejoras Continuas

Después de mitigar el incidente, realizamos una revisión post-incidente para identificar áreas de mejora adicional. Esto incluyó ajustes en las configuraciones de seguridad y la consideración de herramientas de análisis de tráfico más avanzadas.

El fortalecimiento de la seguridad en entornos web en "WebGuardian" resultó en una infraestructura web más segura y resistente a las amenazas. La combinación de medidas preventivas, monitoreo continuo y respuesta rápida a incidentes demostraron ser esenciales para proteger los activos digitales de la empresa.

Recomendamos una revisión y actualización periódica de las medidas de seguridad web, así como la implementación de tecnologías de detección de intrusos más avanzadas para mantener la infraestructura protegida en un entorno de amenazas en constante evolución

La seguridad en entornos web es crítica en el panorama digital actual. Al implementar estrategias como protección contra amenazas comunes, configuraciones seguras de servidores web y medidas de privacidad de datos, estamos mejor preparados para proteger la integridad y disponibilidad de nuestros recursos web. En los siguientes capítulos, exploraremos la gestión de incidentes y las mejores prácticas para mantener una postura de seguridad sólida.

Capítulo 11: Gestión de Incidentes y Respuesta a Incidentes.

En este capítulo, nos adentraremos en la importancia de contar con un plan de gestión de incidentes efectivo y cómo responder de manera rápida y eficaz ante posibles amenazas y violaciones de seguridad.

Preparación y Planificación
Desarrollo de un Equipo de Respuesta a Incidentes (IRT)
Nombrar un equipo responsable de manejar y responder a incidentes garantiza una coordinación efectiva durante un incidente.

Definición de Procedimientos de Respuesta
Establecer procedimientos detallados para la identificación, notificación y mitigación de incidentes es esencial.

Simulacros de Incidentes
Realizar ejercicios regulares de simulación de incidentes ayuda a entrenar al equipo y refinar los procesos de respuesta.

Identificación y Clasificación de Incidentes
Detección de Incidentes
Implementar herramientas y procesos para detectar incidentes de seguridad, como intrusiones o comportamientos anómalos.

Clasificación de Severidad
Evaluar la gravedad de un incidente permite priorizar la respuesta y asignar recursos de manera adecuada.

Respuesta y Mitigación
Contención del Incidente
Tomar medidas para limitar el alcance del incidente y evitar un mayor daño es crucial.

Eliminación de la Amenaza
Identificar y eliminar la causa raíz del incidente es esencial para prevenir futuras ocurrencias.

Recuperación y Restauración

Restaurar los sistemas y servicios afectados garantiza la continuidad del negocio y la disponibilidad de recursos.

Comunicación y Notificación
Comunicación Interna y Externa
Informar a las partes relevantes, incluidos los stakeholders y las autoridades reguladoras, es esencial para mantener la transparencia.

Notificación de Violaciones de Datos (en caso de ser necesario)
Cumplir con las regulaciones de notificación de violaciones de datos es fundamental para mantener la confianza de los usuarios y cumplir con las leyes de privacidad.

Análisis Post-Incidente y Lecciones Aprendidas
Investigación y Análisis
Examinar a fondo el incidente ayuda a comprender la causa y las lecciones que se pueden aprender.

Mejoras y Actualizaciones
Implementar medidas correctivas y actualizaciones en los procesos y sistemas para evitar incidentes similares en el futuro.

Documentación y Reportes
Informes de Incidentes
Mantener registros detallados de incidentes, acciones tomadas y lecciones aprendidas es crucial para futuras referencias y auditorías.

La gestión de incidentes y la respuesta eficaz ante amenazas y violaciones de seguridad son pilares fundamentales en cualquier estrategia de ciberseguridad. Al prepararnos y planificar detenidamente, podemos reducir el impacto de los incidentes y garantizar la continuidad del negocio. En los siguientes capítulos, exploraremos las mejores prácticas para mantener una postura de seguridad sólida y adaptativa.

Capítulo 12: Mantenimiento y Evolución de la Seguridad.

En este capítulo, abordaremos la importancia de mantener y mejorar constantemente la postura de seguridad en un entorno digital en constante evolución.

Evaluación Continua de Riesgos
Análisis de Vulnerabilidades
Realizar escaneos y pruebas de seguridad periódicas ayuda a identificar y abordar posibles vulnerabilidades en sistemas y aplicaciones.

Evaluación de Amenazas Emergentes
Mantenerse al tanto de las nuevas amenazas y técnicas de ataque permite anticipar y mitigar posibles riesgos.

Actualizaciones y Parches
Mantenimiento Regular
Aplicar actualizaciones de seguridad y parches es esencial para corregir vulnerabilidades y mantener la resistencia contra amenazas conocidas.

Gestión de Configuraciones
Revisar y actualizar regularmente las configuraciones de seguridad garantiza que se cumplan los estándares de seguridad actuales.

Educación y Concientización Continua
Formación Periódica
Brindar capacitación y concienciación regular a los empleados sobre las últimas amenazas y mejores prácticas de seguridad es esencial.

Pruebas de Concientización sobre Seguridad
Realizar pruebas de concientización, como simulaciones de phishing, ayuda a evaluar la preparación y conciencia de seguridad de los empleados.

Mejora de Políticas y Procedimientos
Revisión y Actualización de Políticas de Seguridad
Evaluar y modificar regularmente las políticas de seguridad para mantenerse al día con las amenazas y regulaciones cambiantes.

Documentación Actualizada
Mantener documentos y procedimientos de seguridad actualizados garantiza que todos los miembros del equipo estén al tanto de las últimas prácticas.

Investigación y Desarrollo
Exploración de Nuevas Tecnologías
Estar al tanto de las nuevas tecnologías y tendencias en ciberseguridad permite adoptar soluciones más eficaces y avanzadas.

Participación en Comunidades y Conferencias
Asistir a eventos y colaborar con la comunidad de seguridad proporciona perspectivas valiosas y oportunidades de aprendizaje.

Adaptación a la Evolución de Amenazas
Modelos de Amenazas Actuales
Mantenerse al día con los modelos de amenazas cambiantes permite anticipar y responder de manera proactiva a las nuevas amenazas.

Estudio de Caso: Mantenimiento y Evolución de la Seguridad en la Empresa "SecureTech"

Introducción

Como consultor externo especializado en seguridad cibernética, fui contratado por la empresa "SecureTech" para abordar el mantenimiento y la evolución de la seguridad en su infraestructura de TI. La iniciativa surgió a raíz de una serie de incidentes previos y la necesidad de establecer un enfoque sostenible para proteger sus activos digitales en constante evolución.

Fase 1: Evaluación y Análisis de la Infraestructura Existente

Inicié el proyecto con una revisión detallada de la infraestructura de TI de "SecureTech". Identifiqué los sistemas críticos, las políticas de seguridad existentes y las áreas de posible mejora.

Fase 2: Evaluación de Riesgos y Vulnerabilidades

En colaboración con el equipo de seguridad de "SecureTech", realizamos una evaluación de riesgos completa. Identificamos amenazas potenciales y áreas de vulnerabilidad en la red, los sistemas y las aplicaciones.

Fase 3: Diseño de Estrategias de Mantenimiento y Mejora Continua

Desarrollamos una estrategia de mantenimiento y mejora continua que incluyó la implementación de procesos regulares de actualización, parcheo de software y revisión de políticas de seguridad.

Fase 4: Implementación de Medidas de Seguridad y Actualizaciones

Comenzamos la implementación de medidas de seguridad, incluyendo la actualización de sistemas y aplicaciones críticas, así como la configuración de reglas de firewall y políticas de acceso.

Fase 5: Implementación de Monitoreo de Seguridad Continua

Introdujimos un sistema de monitoreo continuo que supervisa la red y los sistemas en busca de actividades sospechosas o intentos de intrusión. Se configuraron alertas para notificar al equipo de seguridad sobre posibles incidentes.

Fase 6: Respuesta y Mitigación de Incidentes

Durante el proceso de mantenimiento, detectamos un intento de intrusión en uno de los servidores de "SecureTech". Actuamos de inmediato, aislando el servidor afectado, investigando el incidente y aplicando medidas correctivas.

Fase 7: Evaluación Post-Incidente y Mejoras Continuas

Después de mitigar el incidente, llevamos a cabo una revisión exhaustiva para identificar áreas de mejora. Esto incluyó ajustes en las políticas de seguridad y la implementación de controles adicionales.

Recomendaciones Finales

El enfoque de mantenimiento y evolución de la seguridad en "SecureTech" resultó en una infraestructura más resistente y preparada para enfrentar amenazas futuras. Se estableció un proceso de mejora continua que garantiza la protección sostenible de los activos digitales de la empresa.

Se recomienda mantener una vigilancia constante sobre las amenazas emergentes, actualizar regularmente las políticas de seguridad y evaluar la implementación de soluciones de seguridad más avanzadas para mantener la infraestructura de TI de "SecureTech" protegida en un entorno de amenazas en constante cambio.

La ciberseguridad es un campo en constante evolución y es crucial mantenerse actualizado con las últimas tendencias y técnicas. Al realizar evaluaciones de riesgos continuas, mantener sistemas actualizados y educar a los empleados de manera regular, podemos garantizar una postura de seguridad sólida y adaptativa en un entorno digital en constante cambio. Este enfoque proactivo nos prepara para enfrentar los desafíos de seguridad futuros.

Capítulo 13: Cumplimiento y Regulaciones de Seguridad.

En este capítulo, exploraremos la importancia del cumplimiento de regulaciones y estándares de seguridad en el entorno digital actual, así como las mejores prácticas para garantizar el cumplimiento continuo.

Regulaciones y Estándares de Seguridad
Cumplimiento Normativo
Comprender y cumplir con regulaciones específicas de la industria, como el RGPD, HIPAA o PCI DSS, es esencial para proteger la información y evitar sanciones.

Estándares de Seguridad (ISO, NIST, etc.)
Adherirse a estándares reconocidos internacionalmente proporciona un marco sólido para la implementación y evaluación de medidas de seguridad.

Evaluación y Auditoría de Cumplimiento
Auditorías Internas y Externas
Realizar auditorías periódicas para evaluar el cumplimiento de políticas y procedimientos de seguridad es crucial para identificar y abordar posibles deficiencias.

Pruebas de Penetración y Evaluaciones de Seguridad
Realizar pruebas de penetración y evaluaciones de seguridad ayuda a identificar vulnerabilidades y asegurar el cumplimiento de estándares.

Gestión de Documentación y Registros
Mantenimiento de Registros
Mantener registros detallados de actividades y procesos de seguridad es esencial para demostrar el cumplimiento y responder a auditorías.

Documentación de Políticas y Procedimientos
Tener documentación clara y actualizada de políticas y procedimientos de seguridad es fundamental para garantizar la consistencia y el cumplimiento.

Capacitación y Concientización de Cumplimiento
Formación sobre Regulaciones y Estándares

Proporcionar capacitación regular sobre regulaciones y estándares de seguridad garantiza que el personal esté al tanto de las expectativas de cumplimiento.

Pruebas de Concientización sobre Cumplimiento
Realizar pruebas de concientización sobre cumplimiento, como escenarios de evaluación de cumplimiento, ayuda a asegurar que los empleados comprendan y apliquen las políticas de seguridad.

Gestión de Incidentes y Cumplimiento
Respuesta a Incidentes de Cumplimiento
Tener procedimientos específicos para abordar incidentes relacionados con el cumplimiento garantiza una respuesta efectiva y el mantenimiento del cumplimiento.

Informes y Notificaciones de Cumplimiento
Preparar informes y notificaciones de cumplimiento es esencial para demostrar el cumplimiento a las partes interesadas y autoridades reguladoras.

El cumplimiento de regulaciones y estándares de seguridad es fundamental para garantizar la integridad y la confidencialidad de la información, así como para mantener la confianza de los clientes y socios. Al establecer procesos robustos de evaluación y auditoría, mantener una documentación precisa y proporcionar formación continua sobre cumplimiento, podemos asegurar que nuestra organización cumple con los requisitos legales y regulatorios en el ámbito de la seguridad.

Capítulo 14: Seguridad en la Nube y Virtualización.

En este capítulo, exploraremos las consideraciones clave para garantizar la seguridad en entornos de nube y en entornos virtualizados, que son fundamentales en la infraestructura tecnológica actual.

Seguridad en Entornos de Nube
Evaluación de Proveedores de Nube
Seleccionar proveedores de servicios en la nube confiables y con buenas prácticas de seguridad es crucial para proteger los datos y los sistemas.

Configuraciones Seguras de la Nube
Asegurarse de que las configuraciones de la nube sean seguras, incluyendo permisos de acceso y configuraciones de red, es esencial para prevenir exposiciones innecesarias.

Encriptación de Datos en Reposo y en Tránsito
Utilizar cifrado para proteger los datos en la nube, tanto en reposo como en tránsito, es fundamental para la confidencialidad.

Seguridad en Entornos Virtualizados
Seguridad de Hipervisores
Mantener los hipervisores actualizados y configurarlos adecuadamente es esencial para prevenir vulnerabilidades y ataques.

Aislamiento de Máquinas Virtuales
Implementar políticas de aislamiento para asegurar que las máquinas virtuales estén protegidas contra posibles amenazas internas.

Escaneo de Vulnerabilidades en Entornos Virtualizados
Realizar escaneos periódicos de vulnerabilidades en entornos virtualizados ayuda a identificar y corregir posibles puntos de riesgo.

Continuidad del Negocio y Recuperación ante Desastres
Copias de Seguridad y Replicación
Establecer políticas de copias de seguridad y replicación asegura la disponibilidad y recuperación de datos en caso de un evento adverso.

Planes de Recuperación ante Desastres
Desarrollar y probar planes de recuperación ante desastres garantiza la continuidad del negocio en caso de una interrupción importante.

Gestión de Identidad y Acceso en Entornos Virtuales
Control de Acceso Basado en Roles (RBAC)
Asignar permisos según el rol del usuario en entornos virtuales garantiza que cada usuario tenga solo los accesos necesarios.

Seguridad en Autenticación de Acceso a Consolas de Administración
Asegurar que el acceso a consolas de administración de entornos virtuales esté protegido mediante autenticación robusta.

Estudio de Caso: Fortalecimiento de la Seguridad en la Nube y Virtualización en la Empresa "CloudSecure"

Introducción

Como consultor externo especializado en seguridad en la nube y virtualización, fui contratado por la empresa "CloudSecure" para mejorar la protección de sus recursos en la nube y entornos virtualizados. La iniciativa surgió de la necesidad de garantizar la seguridad y disponibilidad de los servicios críticos que se ejecutan en plataformas en la nube.

Fase 1: Evaluación Inicial y Análisis de Riesgos

Inicié el proyecto con una revisión detallada de la infraestructura de la nube de "CloudSecure". Identifiqué las configuraciones de seguridad actuales y las áreas de posible vulnerabilidad en la virtualización y la administración de recursos en la nube.

Fase 2: Evaluación de Riesgos y Buenas Prácticas en la Nube

Trabajando con el equipo de TI de "CloudSecure", llevamos a cabo una evaluación de riesgos que incluyó la revisión de las configuraciones de seguridad de la nube y la identificación de posibles amenazas como accesos no autorizados y configuraciones inseguras.

Fase 3: Implementación de Mejoras en Seguridad en la Nube

Desarrollamos un plan de mejora que abordó la configuración segura de las instancias en la nube, el control de acceso y la configuración de políticas de seguridad. Esto incluyó la implementación de medidas como el control de acceso basado en roles y la encriptación de datos en tránsito y en reposo.

Fase 4: Implementación de Soluciones de Monitoreo y Detección de Intrusiones

Introdujimos soluciones de monitoreo y detección de intrusos específicas para entornos en la nube. Configuramos alertas para notificar al equipo de seguridad sobre cualquier actividad inusual o intentos de acceso no autorizado.

Fase 5: Respuesta y Mitigación de Incidentes en la Nube

A pesar de las medidas preventivas implementadas, detectamos un intento de acceso no autorizado a una de las instancias críticas en la nube. Actuamos de inmediato, bloqueando el intento y analizando el incidente para determinar su naturaleza y origen.

Fase 6: Evaluación Post-Incidente y Mejoras Continuas

Después de mitigar el incidente, realizamos una revisión exhaustiva para identificar áreas de mejora adicional. Esto incluyó ajustes en las políticas de seguridad, así como la consideración de herramientas de seguridad más avanzadas.

Conclusiones y Recomendaciones Finales

El fortalecimiento de la seguridad en la nube y virtualización en "CloudSecure" resultó en una infraestructura más robusta y resistente a las amenazas. Se estableció un proceso de mejora continua que garantiza la protección sostenible de los activos digitales de la empresa en entornos virtualizados y de nube.

Se recomienda mantenerse al día con las mejores prácticas de seguridad en la nube y virtualización, y considerar la implementación de tecnologías de seguridad específicas para la nube en un entorno de amenazas en constante evolución.

La seguridad en entornos de nube y virtualizados es crucial para proteger la infraestructura tecnológica de una organización. Al aplicar medidas como evaluación de proveedores de nube, configuraciones seguras y políticas de aislamiento en entornos virtuales, estamos mejor preparados para mitigar riesgos y asegurar la continuidad del negocio en estos entornos clave.

Capítulo 15: Seguridad en Dispositivos Móviles y IoT.

En este capítulo, exploraremos las estrategias esenciales para proteger dispositivos móviles y dispositivos IoT (Internet de las cosas), que representan una parte integral del ecosistema tecnológico actual.

Seguridad en Dispositivos Móviles
Gestión de Dispositivos Móviles (MDM)
Implementar soluciones MDM permite administrar y asegurar dispositivos móviles dentro de una organización.

Seguridad en Aplicaciones Móviles
Verificar y validar aplicaciones móviles antes de su implementación asegura que no contengan vulnerabilidades o malware.

Control de Acceso y Autenticación
Utilizar métodos de autenticación sólidos, como biometría o autenticación multifactor, refuerza la seguridad en dispositivos móviles.

Seguridad en Dispositivos IoT
Gestión de Acceso y Credenciales
Garantizar que los dispositivos IoT utilicen credenciales seguras y que el acceso esté restringido a usuarios autorizados es esencial.

Actualizaciones de Firmware y Seguridad
Mantener el firmware de los dispositivos IoT actualizado es crucial para corregir vulnerabilidades y asegurar un funcionamiento seguro.

Seguridad en Comunicaciones
Utilizar protocolos seguros de comunicación, como HTTPS o MQTT con autenticación, protege la integridad de los datos transmitidos.

Protección de Datos y Privacidad
Encriptación de Datos
Aplicar cifrado en datos almacenados y transmitidos por dispositivos móviles y IoT garantiza la confidencialidad.

Consentimiento del Usuario

Obtener el consentimiento claro del usuario para recopilar y procesar datos es esencial para cumplir con regulaciones de privacidad.

Monitoreo y Detección de Amenazas
Monitoreo de Actividades
Supervisar las actividades de dispositivos móviles y IoT ayuda a identificar comportamientos anómalos.

Detección de Anomalías
Utilizar herramientas de detección de anomalías para identificar posibles amenazas o intrusiones.

Educación y Concientización
Formación de Usuarios
Brindar a los usuarios capacitación sobre buenas prácticas de seguridad en dispositivos móviles e IoT es esencial para prevenir riesgos.

Pruebas de Concientización sobre Seguridad
Realizar pruebas de concientización sobre seguridad, como simulaciones de ataques, ayuda a evaluar la preparación del personal.

La seguridad en dispositivos móviles y dispositivos IoT es esencial en el entorno tecnológico actual. Al implementar estrategias como gestión de dispositivos móviles, actualizaciones de firmware y educación de usuarios, podemos proteger la integridad y privacidad de los datos en estos dispositivos críticos. Esto asegura que contribuyan positivamente a la eficiencia y seguridad de la organización.

Capítulo 16: Inteligencia de Amenazas y Análisis Forense

En este capítulo, exploraremos la importancia de la inteligencia de amenazas y el análisis forense en la ciberseguridad. Estas prácticas permiten a las organizaciones anticipar y responder a amenazas de manera efectiva.

Inteligencia de Amenazas
Recopilación de Inteligencia
Recolectar información sobre amenazas y actores maliciosos para comprender sus tácticas, técnicas y procedimientos.

Evaluación de la Credibilidad

Determinar la confiabilidad de la inteligencia de amenazas es esencial para tomar decisiones informadas.

Uso en la Toma de Decisiones
Utilizar la inteligencia de amenazas para informar la estrategia de seguridad y adaptarse a las amenazas emergentes.

Análisis Forense
Recopilación de Evidencia
Recolectar y preservar evidencia digital de incidentes de seguridad para su análisis posterior.

Análisis de Datos
Examinar registros y datos para determinar la causa y el alcance de un incidente.

Identificación de Actores Maliciosos
A través de análisis forense, es posible identificar a los perpetradores de un ataque y recopilar pruebas para acciones legales.

Herramientas y Técnicas
Herramientas de Análisis Forense
Utilizar herramientas como sistemas de gestión de registros (SIEM) y herramientas de análisis de malware.

Técnicas de Recuperación de Datos
Aplicar técnicas de recuperación de datos para restaurar información en caso de pérdida.

Cadena de Custodia
Mantener una cadena de custodia adecuada es fundamental para garantizar que la evidencia sea admisible en un tribunal.

Legislación y Cumplimiento
Cumplimiento Legal
Cumplir con las leyes y regulaciones relacionadas con el análisis forense y la retención de evidencia.

Asesoramiento Legal

Trabajar en estrecha colaboración con asesores legales para garantizar que las acciones de análisis forense cumplan con la legislación vigente.

Gestión de Incidentes y Respuesta
Integración en la Respuesta a Incidentes
El análisis forense juega un papel crucial en la respuesta a incidentes, ayudando a comprender lo sucedido y tomar medidas correctivas.

Mejora Continua
Utilizar los resultados del análisis forense para mejorar los procesos y medidas de seguridad.

Estudio de Caso: Fortalecimiento de la Seguridad en Dispositivos Móviles e IoT en la Empresa "MobileGuard"

Introducción

Como consultor externo especializado en seguridad de dispositivos móviles e IoT (Internet de las cosas), fui contratado por la empresa "MobileGuard" para mejorar la protección de sus dispositivos móviles y la red de dispositivos IoT. La iniciativa surgió a raíz de la creciente preocupación por posibles amenazas de seguridad en estos entornos.

Fase 1: Evaluación Inicial y Análisis de Riesgos

Inicié el proyecto con una revisión detallada de la infraestructura de dispositivos móviles e IoT de "MobileGuard". Identifiqué los dispositivos conectados y las configuraciones de seguridad actuales, así como las áreas de posible vulnerabilidad.

Fase 2: Evaluación de Riesgos y Buenas Prácticas en Dispositivos Móviles e IoT

Trabajando en colaboración con el equipo de TI de "MobileGuard", llevamos a cabo una evaluación de riesgos exhaustiva que incluyó la revisión de las configuraciones de seguridad de los dispositivos móviles e IoT. Identificamos posibles amenazas como accesos no autorizados y configuraciones inseguras.

Fase 3: Implementación de Mejoras en Seguridad Móvil e IoT

Desarrollamos un plan de mejora que abordó la configuración segura de los dispositivos móviles y la implementación de políticas de seguridad para los dispositivos IoT. Esto incluyó la actualización de firmware, la encriptación de datos y la segmentación de redes para dispositivos IoT.

Fase 4: Implementación de Soluciones de Monitoreo y Detección

Introdujimos soluciones de monitoreo específicas para dispositivos móviles e IoT. Configuramos alertas para notificar al equipo de seguridad sobre cualquier actividad inusual o intentos de acceso no autorizado.

Fase 5: Respuesta y Mitigación de Incidentes

A pesar de las medidas preventivas implementadas, detectamos un intento de acceso no autorizado a uno de los dispositivos móviles de alto valor en la red de "MobileGuard". Actuamos de inmediato, bloqueando el intento y analizando el incidente para determinar su naturaleza y origen.

Fase 6: Evaluación Post-Incidente y Mejoras Continuas

Después de mitigar el incidente, realizamos una revisión exhaustiva para identificar áreas de mejora adicional. Esto incluyó ajustes en las políticas de seguridad, así como la consideración de herramientas de seguridad más avanzadas para dispositivos móviles e IoT.

Conclusiones y Recomendaciones Finales

El fortalecimiento de la seguridad en dispositivos móviles e IoT en "MobileGuard" resultó en una infraestructura más robusta y resistente a las amenazas. Se estableció un proceso de mejora continua que garantiza la protección sostenible de los activos digitales de la empresa en entornos móviles e IoT.

Se recomienda mantenerse al día con las mejores prácticas de seguridad móvil e IoT y considerar la implementación de tecnologías de seguridad específicas para estos entornos en un entorno de amenazas en constante evolución.

La inteligencia de amenazas y el análisis forense son componentes esenciales de la ciberseguridad moderna. Al recopilar y analizar información sobre amenazas, y al llevar a cabo investigaciones forenses efectivas, las organizaciones pueden anticipar y responder de manera eficaz a los incidentes de seguridad. Esto contribuye significativamente a la protección de la infraestructura tecnológica y la continuidad del negocio.

Capítulo 16: Ética y Responsabilidad en Ciberseguridad.

En este capítulo, abordaremos el aspecto ético y la responsabilidad que implica la práctica de la ciberseguridad. Es esencial considerar no solo la técnica, sino también los valores y principios que guían nuestras acciones en este campo.

Ética Profesional en Ciberseguridad
Confidencialidad y Privacidad
Respetar y proteger la confidencialidad de la información es un pilar fundamental en la ética de la ciberseguridad.

Integridad y Honestidad
Mantener la integridad en todas las acciones y ser honesto en la comunicación es esencial para la confianza en la profesión.

Responsabilidad Profesional
Aceptar la responsabilidad de nuestras acciones y decisiones en el ámbito de la ciberseguridad es crucial para mantener la integridad de la profesión.

Consideraciones Éticas en la Investigación y Desarrollo
Divulgación de Vulnerabilidades
Evaluar y comunicar de manera responsable las vulnerabilidades es esencial para proteger a los usuarios y a la comunidad en general.

Desarrollo Seguro
Integrar prácticas de seguridad desde el inicio en el desarrollo de software y sistemas es una obligación ética.

Cumplimiento de Regulaciones y Normativas
Ética y Cumplimiento Legal
Adherirse a regulaciones y leyes relacionadas con la ciberseguridad es un imperativo ético para cualquier profesional en este campo.

Responsabilidad en la Gestión de Incidentes
Tratar los incidentes de seguridad con diligencia y transparencia es una responsabilidad ética y legal.

Consideraciones Éticas en la Educación y Formación
Enseñanza Ética
Fomentar una cultura de ética y responsabilidad en la formación de futuros profesionales en ciberseguridad es esencial para la integridad de la profesión.

Concientización Ética
Promover la conciencia sobre la importancia de la ética en la ciberseguridad entre los profesionales y la comunidad en general.

Responsabilidad Social y Ambiental
Contribución a la Seguridad Colectiva
Participar en iniciativas que promuevan la seguridad en línea y contribuir al bienestar digital de la sociedad.

Sostenibilidad y Seguridad Tecnológica
Considerar el impacto ambiental y social de las soluciones tecnológicas en ciberseguridad.

La ética y la responsabilidad desempeñan un papel fundamental en la práctica de la ciberseguridad. Al adherirse a principios éticos sólidos y cumplir con regulaciones y normativas, los profesionales en ciberseguridad contribuyen no solo a la seguridad digital, sino también a la integridad y confiabilidad de la profesión en su conjunto.

Capítulo 17: Futuras Tendencias y Desafíos en Ciberseguridad.

En este capítulo, exploraremos las tendencias emergentes y los desafíos que se avecinan en el campo de la ciberseguridad. Anticiparse a estos cambios es esencial para mantener una postura de seguridad sólida y adaptativa.

Tendencias Emergentes en Ciberseguridad
Inteligencia Artificial y Machine Learning en Seguridad
La aplicación de IA y ML en la detección y respuesta ante amenazas está transformando la forma en que abordamos la ciberseguridad.

Automatización de Respuestas a Incidentes
La automatización de respuestas permite una reacción más rápida y eficaz ante amenazas, reduciendo el tiempo de exposición.

Ciberseguridad Cuántica
Con el avance de la computación cuántica, se requieren nuevas estrategias de cifrado y seguridad para proteger los datos.

Internet de las Cosas (IoT) Seguro
A medida que la IoT se expande, la seguridad de los dispositivos conectados se vuelve cada vez más crítica.

Desafíos Futuros en Ciberseguridad
Crecimiento de Amenazas Avanzadas Persistentes (APT)
Las APT representan una amenaza creciente y requieren estrategias avanzadas de detección y respuesta.

Aumento de la Sofisticación de Ataques
Los atacantes están utilizando tácticas cada vez más avanzadas, como el uso de técnicas de evasión y ataques de ingeniería social más sofisticados.

Regulaciones y Cumplimiento en Evolución
El panorama de regulaciones y cumplimiento está en constante cambio, lo que requiere una adaptación continua por parte de las organizaciones.

Escasez de Talento en Ciberseguridad

La demanda de profesionales en ciberseguridad supera la oferta, lo que crea un desafío en la contratación y retención de talento.

Preparación para el Futuro
Formación Continua y Desarrollo Profesional
La educación y formación continua son esenciales para mantenerse al día con las últimas tendencias y tecnologías en ciberseguridad.

Integración de Tecnologías Emergentes
La adopción de tecnologías como la IA y la automatización será crucial para enfrentar los desafíos futuros.

Colaboración y Compartir Información
La colaboración entre organizaciones y la compartición de información sobre amenazas es esencial para una ciberseguridad efectiva.

Anticiparse a las tendencias y desafíos futuros en ciberseguridad es fundamental para mantener una postura de seguridad sólida y adaptativa. Al estar preparados para las nuevas tecnologías y amenazas, podemos asegurar la protección de los activos digitales y la continuidad del negocio en un entorno tecnológico en constante evolución.

Capítulo 18: Consejos Prácticos y Recomendaciones Finales.

En este último capítulo, ofreceremos una serie de consejos prácticos y recomendaciones finales para consolidar y fortalecer la postura de seguridad en ciberseguridad.

Mantén tus Sistemas y Software Actualizados
Aplica Parches y Actualizaciones
Mantén al día los sistemas operativos y software de seguridad para proteger contra vulnerabilidades conocidas.

Implementa una Política de Contraseñas Fuertes
Contraseñas Únicas y Robustas
Fomenta el uso de contraseñas complejas y únicas para cada cuenta y servicio.

Autenticación Multifactor (MFA)
Utiliza MFA siempre que sea posible para añadir una capa adicional de seguridad.

Realiza Copias de Seguridad Regulares
Respalda Datos Críticos
Asegúrate de que los datos cruciales estén respaldados regularmente y de que las copias sean accesibles y utilizables.

Monitorea Actividades Anómalas
Utiliza Herramientas de Detección de Intrusiones
Implementa sistemas de detección de intrusiones para identificar y responder a actividades sospechosas.

Sensibiliza a los Usuarios
Formación Continua en Seguridad
Educa a los empleados sobre las últimas amenazas y mejores prácticas de seguridad.

Establece una Política de Gestión de Incidentes
Desarrolla un Plan de Respuesta a Incidentes

Ten un plan detallado para responder de manera efectiva en caso de una violación de seguridad.

Cumple con las Regulaciones de Seguridad
Conoce y Cumple con las Regulaciones Relevantes
Asegúrate de estar al día con las regulaciones de seguridad que afectan a tu industria y ubicación.

Evalúa Regularmente tu Postura de Seguridad
Realiza Auditorías de Seguridad
Lleva a cabo auditorías periódicas para identificar posibles deficiencias en tus medidas de seguridad.

Fomenta una Cultura de Seguridad
Promueve la Responsabilidad
Inculca a los miembros del equipo la importancia de la seguridad en sus prácticas y decisiones diarias.

Conclusiones y Adelante
La ciberseguridad es un esfuerzo continuo que requiere vigilancia y adaptación constante. Al seguir estos consejos prácticos y aplicar las estrategias discutidas en este libro, estarás en una posición sólida para proteger tus activos digitales y enfrentar los desafíos cambiantes del mundo de la ciberseguridad. ¡Adelante hacia un futuro digital más seguro!

Capítulo 19: Recursos y Herramientas Útiles en Ciberseguridad.

En este capítulo final, proporcionaremos una lista de recursos y herramientas valiosas que pueden ser utilizadas para fortalecer la postura de seguridad en ciberseguridad y mantenerse al día con las últimas tendencias y desarrollos en el campo.

Organizaciones y Comunidades en Ciberseguridad
(1) OWASP - Open Web Application Security Project
Sitio web: owasp.org
(2) ISACA
Sitio web: isaca.org
(3) (ISC)² - International Information System Security Certification Consortium
Sitio web: isc2.org
(4) SANS Institute
Sitio web: sans.org
Blogs y Fuentes de Noticias
(5) Krebs on Security
Sitio web: krebsonsecurity.com
(6) Schneier on Security
Sitio web: schneier.com
(7) The Hacker News
Sitio web: thehackernews.com
Herramientas de Seguridad y Software
(8) Wireshark
Descripción: Herramienta de análisis de tráfico de red.
Sitio web: wireshark.org
(9) Nmap
Descripción: Escáner de puertos y detección de servicios.
Sitio web: nmap.org
(10) Metasploit
Descripción: Plataforma de pruebas de penetración y desarrollo de exploits.
Sitio web: metasploit.com
(11) Snort
Descripción: Sistema de detección y prevención de intrusiones en red.
Sitio web: snort.org
Libros Recomendados
(12) "Hacking: The Art of Exploitation" por Jon Erickson

Descripción: Una introducción detallada a la ética hacker y técnicas de hacking.

(13) "Applied Cryptography" por Bruce Schneier

Descripción: Un libro clásico sobre criptografía y seguridad.

(14) "Web Application Hacker's Handbook" por Dafydd Stuttard y Marcus Pinto

Descripción: Una guía completa para la seguridad de aplicaciones web.

Plataformas de Formación y Certificación

(15) Coursera - Cursos de Ciberseguridad

Sitio web: coursera.org/specializations/cyber-security

(16) edX - Ciberseguridad MicroMasters Program

Sitio web: edx.org/professional-certificate/ritx-cybersecurity

(17) Cybrary - Plataforma de Formación en Seguridad Cibernética

Sitio web: cybrary.it

Conferencias y Eventos

(18) Black Hat USA

Sitio web: blackhat.com

(19) DEF CON

Sitio web: defcon.org

(20) RSA Conference

Sitio web: rsaconference.com

Estos recursos y herramientas proporcionan una base sólida para continuar aprendiendo y fortaleciendo tus habilidades en ciberseguridad. Mantente actualizado con las últimas tendencias y desarrollos para enfrentar los desafíos en constante evolución en el campo de la seguridad digital. ¡Mucho éxito en tu viaje hacia una ciberseguridad sólida y efectiva!

www.ingramcontent.com/pod-product-compliance
Lightning Source LLC
LaVergne TN
LVHW072049060326
832903LV00053B/305